# Serienkulturen: Analyse – Kritik – Bedeutung

**Herausgegeben von**
Marcus S. Kleiner, Stuttgart, Deutschland

Die Bände bieten eine spezifische Leitperspektive auf eine Serie oder eine bestimmte Thematik in unterschiedlichen Serien. Ziele der Reihe sind u. a.:

- Vergleichende Analysen der sozialen, politischen, (inter-)kulturellen, lebensweltlich-identitären Bedeutungen der Serien (national/international)
- Vergleichende Analyse des Potentials von Fernsehserien als Analytiker und Kritiker von (historischen und/oder aktuellen) Zeitfragen
- Systematische und umfassende Erforschung der internationalen Serienkulturen von den 1950ern bis zur Gegenwart
- hohe Relevanz für die Film- und Fernsehwissenschaften im Speziellen, die Medien-, Kultur- und Sozialwissenschaften im Allgemeinen
- Publikumsorientierte Ausrichtung und eine entsprechende stilistische Form, hierbei v. a. auch eine deutliche Adressierung von Serien-Fankulturen, und keine exklusiv fachinternen Ausrichtungen der Bände.

Weitere Bände in dieser Reihe
http://www.springer.com/series/13105

Holger Schulze

# American Progress

Nerdkultur, akrobatische Komik
und Commedia dell'arte

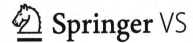 Springer VS

Holger Schulze
Department for Arts and Cultural Studies
Sound Studies Lab
University of Copenhagen
Copenhagen
Denmark

ISBN 978-3-658-09134-7      ISBN 978-3-658-09135-4 (eBook)
DOI 10.1007/978-3-658-09135-4

Die Deutsche Nationalbibliothek verzeichnet diese Publikation in der Deutschen Nationalbibliografie; detaillierte bibliografische Daten sind im Internet über http://dnb.d-nb.de abrufbar.

Springer VS

*Lektorat:* Barbara Emig-Roller

Gedruckt auf säurefreiem und chlorfrei gebleichtem Papier

Springer Fachmedien Wiesbaden ist Teil der Fachverlagsgruppe Springer Science+Business Media
(www.springer.com)

# Inhaltsverzeichnis

# American Progress: The General Electric-Building

Von oben wird das Hochhaus nach unten gemustert, vor internationalen Flaggen (Liberia, Südafrika, die Niederlande, Polen, Portugal, die USA) kommt eine goldene Figur ins Bild. Schnell blicken wir auf das vorkragende Vordach, eine Hausnummer sehen wir eingelassen in den Boden; kurz sehen wir die filmtheaterartige Leuchtreklame für den sogenannten *Rainbow Room: observation deck* im 65. von 70 Stockwerken des Hauses, das sich schließlich als Herberge der NBC Studios zu erkennen gibt: *Dieu Et Mon Droit* steht als (etwas prätentiös vom Wappen der britischen Monarchie entlehnter) Wappenspruch über der Hausnummer 30 (vgl. Abb. 1.1). Die Hauptfigur und Chefautorin der Late Night Show wird eingeblendet als schwarzweiß herausgeschnittener Körper mit niedergeschlagenen Augen vor den Wandreliefs des Gebäudes: *Liz Lemon* – der Name der Schauspielerin, die diese Figur verkörpert, Tina Fey, wird von rechts in schwarzem Balken unsymmetrisch-nichtlinear hereingetippt. Es folgen die anderen Figuren in der Reihe ihrer Bedeutung, mit Namen ihrer jeweiligen Rollen in Blockbuchstaben vor schwarzen Bildbändern: der Comedian *Tracy Jordan*, die hadernde Starkomödiantin *Jenna Maroney*, der bleiche radikalnaiv begeisterte Page *Kenneth Parcell*, der ehevollzugsdeprimierte Produzent *Pete Hornberger*, der Hipsterautor *Frank Rossitano* sowie Liz' Vorgesetzter, ihr Über-Ich, ihre Vaterfigursimulation und ihr peinlichster Fehltritt *Jack Donaghy*. Alle Figuren werden vor je anderen Ecken des Platzes inszeniert, viel zu kurz hereingeschnitten, als Illustrationen ihrer selbst: Jack vor einem strafenden Gott, Liz vor architektonischen Einlegearbeiten am Gebäude, Tracy vor Wolkenkratzern, Jenna vor weiblichen Statuen am Haus. Die beschleunigten und grau-golden farbkorrigierten Aufnahmen werden musikalisch punktiert von Bläsersätzen, Kontrabassläufen, Marimbatrillern und einem gedämpft launigen Jazzgesang. Noch einmal sehen wir die Blattgoldeinlegearbeit mit der Adresse des Produktionshauses und Sendersitzes 30 ROCKEFELLER PLAZA,

© Springer Fachmedien Wiesbaden 2016
H. Schulze, *American Progress*, Serienkulturen: Analyse – Kritik – Bedeutung,
DOI 10.1007/978-3-658-09135-4_1

**Abb. 1.1** Königliches Wappen von Großbritannien

noch einmal den gesamten Platz in Postkartenansicht, dann das serifenlos-dünne Sendungslogo auf schwarzem Grund: 30 ROCK.

Der Bau und die Personen, die Zeichen und die Werte, das Gold, der Marmor, die Farben, der Wahnsinn, die Bildinszenierungskorrekturen: diese Spielmaterialien werden im Vorspann vorgestellt. Eine Ouvertüre, die genretypisch ist: der establishing shot wird gern bei jeder Episode aufs Neue an den Anfang (oder nach dem *cold opening*) eingesetzt; der mediale Bühnenort (vgl. Kap. 7) soll für jeden Zuschauer unmissverständlich und hilfreich redundant imaginierbar sein. Kein Zweifel soll bleiben, in welchem Gebäude oder um welches Gebäude herum die komischen, spannenden, unheimlichen oder gruseligen Verwicklungen der kommenden 25–35 min spielen werden. Doch anders als bei Serien gewohnt, ist hier tatsächlich das Sendezentrum des Senders zu sehen, der die nun folgende Fernsehserie ausstrahlt. Das Sendezentrum ist die mediale Bühne – wenigstens als Studionachbau. Die Fernsehserie *30 Rock* über Alltag und Verwicklungen um eine wöchentliche Late Night Show herum spielt in einer ganzen Etage des Sendezentrums und Hauptquartiers des Senders NBC: hier entstehen oder entstanden die *Late Night with David Letterman*, die *Late Night with Conan O'Brien*, die *Late Night with Jimmy Fallon* sowie *Saturday Night Live* und die *NBC News*. Der Sender selbst wird also – kaum pädagogischer könnte dies in der Ouvertüre eingeführt werden – zum Gegenstand: sein finanzieller Zustand, seine internen Neuregulierungen, Auflösungen, Um- und Zusammenlegungen, Neuordnungen von Abteilungen, Verkauf von verlustträchtigen Abteilungen und Zukauf von befremdlich neuen Produktsparten und immer wieder seine (überalterten, übereilten, verblendeten, langweiligen, abgehalfterten) Starmoderatoren und Neueinkäufe.

Die Architektur repräsentiert dieses Alter, die Geschichte eines Fernsehsenders ganz materiell. Der Bau von Raymond Hood, 70 Stockwerke auf 266 Metern Höhe, wurde 1987 zum National Historic Landmark erklärt. Das in vielen Einrichtungshäusern feilgebotene Photographieposter *New York Construction Workers Lunching on a Crossbeam* von Charles C. Ebbets entstand 1932 beim Bau genau dieses Gebäudes. Das Gebäude *30 Rock* ist Teil der materiellen Kultur der Vereinigten Staaten ebenso wie der globalen Populärkultur. Doch diese populäre Kultur wirkt flohmarkthaft verstaubt im frühen 21. Jahrhundert; die alten sogenannten Massenmedien spätbürgerlicher Nationalstaaten ähneln zunehmend eher antiken Sammelstücken, ein Kabinett historischer Kuriositäten. Entsprechend wird auch das Altern des medialen Genres der Fernsehserie, zudem der komödiantischen Fernsehserie inszeniert (vgl. Kap. 5). Das Sendezentrum von NBC steht für dieses Alter: die Lobby im Erdgeschoss mit poliertem Stein, Holz und Keramik ist ebenso Szene von Verfolgungsjagden, fröhlichen Fluchten, Gesprächen, Flirts und verunsicherten Abschieden wie die Aufzüge, die Vorräume vor den Aufzügen, ja die Treppenhäuser und natürlich der Weg an den Garderoben der Schauspieler und dem Informationsschalter vorbei: alles ist mediale Bühne. Die tatsächliche Bühne, auf der die Late Night Show sich schließlich ereignet, sie sehen wir nur sporadisch bei kurzen Missgeschicken und -verständnissen während der Probe; und selbstverständlich gegen Ende einer Episode, wenn die Show schließlich live on air geht. Die Hauptbühne der Fernsehserie 30 Rock ist jedoch die Hinterbühne der Late Night Show.

Treten wir noch einmal kurz auf den Vorplatz des NBC-Gebäudes. Denn auch der Name dieses Gebäudes insgesamt wird Akteur: *General Electric-Building*. Im Laufe der Serie wird das Gebäude diesen Namen verlieren. Es wird umbenannt werden in *Kabletown Building*, dem neuen Eigentümer von NBC, nach einem durchaus windigen, mit neuen Vertriebsformen reich gewordenen Aufsteigerunternehmen. Die tatsächliche Firmengeschichte von NBC wird hier direkt zum Drehbuch: denn NBC wird von Comcast aufgekauft. Der Wandel der Welt außerhalb der Serie wird Teil der Serie, nicht nur in Gestalt des Gebäudes, sondern auch in den Besitzverhältnissen und Arbeitskulturen, die sodann mitunter Einzug halten.

**Abb. 1.2** Josep Maria Sert: American Progress (1937)

Drastik und Zeitdiagnose verbinden sich überdeutlich: Pop entsteht. Betreten wir das Gebäude wieder, so findet sich über dem Eingang ein weiterer Wappenspruch eingeschrieben: *Wisdom And Knowledge Shall Be The Stability Of Thy Times.* Es klingt wie Hohn bei all den Wandlungen des Konzerns, seiner Mitarbeiter und Führungspersonen, seiner Hilfsarbeiter und ihrer Angehörigen, dass ausgerechnet Weisheit und Wissen all diesem einen Grund bieten sollte. Einzig sarkastisch kann dieser Satz verstanden werden, ein durchtriebener Mahnspruch, der umso schmerzlicher alle Protagonistinnen und Protagonisten spüren lassen muss wie weit sie sich von einer Zeit entfernt haben mögen, in der diese Weisheit womöglich tatsächlich einmal noch gewusst und beherzigt wurde. Lang lang ist es her. Ein goldenes Zeitalter? Im Dreck, im Stein, in alten muffigen Inschriften und Bildkunstwerken.

Unten im Erdgeschoss immer noch, in der Halle vor den Aufzügen, die in *30 Rock* wie erwähnt gerne Bühne für Vor-, Nach-, Neben- und Durchgangsgespräche sind, findet sich schließlich ein Wandgemälde, das wiederholt ins Bild der Serie tritt (vgl. Abb. 1.2). Dies gilt zwar auch für die eingangs erwähnte goldenen Statuen, die Reliefs oder die Wappensprüche, die so prominent im Vorspann inszeniert werden; doch dieses Wandgemälde scheint – so lakonisch es immer wieder hineinragt – geradezu leitmotivisch für diese Serie insgesamt stehen zu können, vielleicht unwillkürlich. *American Progress*, so der Titel dieses Wandgemäldes entstand nicht autonom oder in einem andersgearteten Entstehungszusammenhang, sondern in gezielt nachholender Konkurrenz zu einem Werk des großen mexika-

**Abb. 1.3** Diego Rivera: Man, Controller of the Universe (Mexiko-Version)

nischen Modernisten und Trotzkisten Diego Rivera, das zuvor an gleicher Stelle stehen sollte (Roussel 2005, S. 104, vgl. Abb. 1.3). Josep Maria Sert i Badías neues Werk sollte die Arbeit von Rivera ersetzen und vergessen machen: beide Künstler waren bekannt für ihre panoramisch-allegorischen Wandgemälde – doch beider Arbeiten könnten gegensätzlicher nicht sein (vgl. Rivera 1991). Während Rivera (mit vollem Namen: Diego María de la Concepción Juan Nepomuceno Estanislao de la Rivera y Barrientos Acosta y Rodríguez) das von Nelson Rockefeller vorgegebene Thema („Man at the Crossroads Looking with Hope and High Vision to the Choosing of a New and Better Future") übersetzte in eine leninistische Vision vom Aufbau der neuen Gesellschaft aus den Konflikten, den technischen und wissenschaftlichen Möglichkeiten der Gegenwart, so wählte der Katalane Sert zwar den 1930ern entsprechend ebenfalls eine allegorische Darstellung, maßlos pathetisch grundiert. Doch Serts Gemälde errichtet – über den zerstörten Resten von Rivieras Gemälde – eine genuin amerikanische Vision rund um Abraham Lincoln als dem Lenin der Union: der Aufbau der amerikanischen Gesellschaft wird diesmal denn auch nicht in Farben, sondern in Grautönen muskulöser Übermänner gezeichnet, deren Kraft die neue Zeit, die neue Gesellschaft Amerikas und ihrer Architektur (eben auch dieses Gebäudes), ihres Reichtums (Rockefellers) erschafft. Rivieras ursprüngliches, dadurch vernichtetes Gemälde wurde später auf Grundlage seiner Arbeitsfotografien im Palacio de Bellas Artes in Mexiko-Stadt neugeschaffen, noch unter Hinzunahme von Karl Marx, Friedrich Engels, Leo Trotski und anderen.

Die 1930er Jahre, in denen die Ästhetik dieser Wandgemälde ebenso verankert ist wie die des Art Deco-Gebäudes von Raymond Hood, bilden auch für den Soundtrack der Serie *30 Rock* einen Fixpunkt. Die Titelmelodie von Jeff Richmond, Partner der Autorin und Hauptdarstellerin Tina Fey, erleichtert den Anfang

bei allen Konflikten durch diese ausnehmend geschmackvolle, quirlige und tän-
delnde Melodie zum Anfang. Alle Schwere kann dadurch weggenommen werden;
und: diese Melodie kann sogar gesungen werden (wie etwa in *Live Show* S05E04).
Wir hören auch die Anspielungen an das Art Deco-New York in dieser Melodie.
Durch dieses einleitende Lied werden wir damit in diese bevorzugte, ikonische
Epoche eines bürgerlichen Wohllebens dieser Großstadt eingeführt – bevor sie
noch zur transkulturellen, migrantisch überlaufenen und im Hochfrequenzbörsen-
handel verdrogte Megalopole auswucherte. Insbesondere nach der Bereinigung der
klein- und großkriminellen Innenstadtzonen sowie der Zerstörung des World Trade
Centers nach dem Jahr 2001 geriet diese frühe Epoche der Stadt zu ihrem neuen
Ideal: beste Voraussetzungen für einen beliebten Ausflugsort, ein kulturelles Zen-
trum wie so viele westliche Großstädte des 19. und 20. Jahrhunderts, attraktiv für
Besucherinnen und Besucher aus allen Kontinenten, allen auch nicht-westlichen
Kulturen.

Die Autorin der Serie ist zugleich Hauptdarstellerin und als solche in der Serie
die Hauptverantwortliche der produzierten Late Night Show: Elizabeth Stamatina
Fey spielt *Liz Lemon*. Der Name der Rolle ist so aufdringlich aus ihrem eigenen
Namen geschnitten, dass Nichtidentifikation von Schauspielerin und Figur kaum
denkbar scheint. Diese Rollenidentifikation wird von Fey im Dienste der Stilisierung ihrer *medialen Persona* (vgl. Kap. 9) noch unterstützt: in ihrer Autobiographie *Bossypants* von 2011 steht *30 Rock* zwar ausdrücklich nur an einer Stelle
(Kap. 18: *30 Rock: An Experiment to Confuse Your Grandparents*) und erscheint
als eher isolierter Lebens- und Arbeitsabschnitt (niemand will sich vorsätzlich ein-
zwängen); doch die gesamte hierin erzählte Biographie eines überambitionierten
und (wie wir alle) wiederholt tragisch fehlgeleiteten, selbstbehinderten und des
Öfteren wirklichkeitsblinden Mädchens wird merklich auch erzählt im Hinblick
auf diese Rolle, die sie in *30 Rock* eingenommen hat. Die Schauspielerin erzählt
ihr Leben selbstverständlich aus Perspektive ihrer bislang erfolgreichsten Rolle.
Jeder Großverlag, der aus großen Investitionen in Autorenhonorar und Marke-
tinganstrengungen möglichst maximale Gewinne herauszuholen hat, würde dies
genau so seiner Autorin anempfehlen. Eine gewöhnliche Selbstdeutung also für
Autobiographien von Schauspielerinnen und Schauspielern. Im vorliegenden Fall
allerdings erspielt sich die Schauspielerin durch ihre vermeintliche Bindung an
ihre wohl bekannteste Figur (nach ihrer Verkörperung von Sarah Palin anno 2008
in *Saturday Night Live*) einen hohen Freiheitsgrad. Denn auch Tina Fey ringt mit
ihrer Stilisierung. Je größer der Bekanntheitsgrad, umso deutlicher die Festlegun-
gen, der Erwartungshorizont, umso erstarrter die mediale Persona, die an sie her-
angetragen wird als eine ihr vollständig identische. Fey arbeitet aus diesen Gründen an einer trickreichen Einverleibung ihrer medial kursierenden Persona (vgl.

Kap. 4): indem sie versucht, sich eine stilisierte Figur auch persönlich zu eigen zu machen, könnte es – so ihre Hoffnung – gelingen, eine allzu übergriffige Neugier auf ihr Privat- und Intimleben leicht mit charmanten Hinweisen auf ihre Nerdbiographie abzulehnen. Die Figur wäre dann naturidentisch konzipierte Camouflage. Eine durch und durch bühnenbewusste, komödiantische Rettung der Privatperson im auslaufenden, doch weiterhin machtvollen Starsystem Hollywoods und seiner Thronfolger. Jede Homestory, jeder Late Night-Auftritt, jede Social Media-Extravaganz repräsentiert und modifiziert sodann die kursierende mediale Persona. Die Schauspielerin artikuliert sich leichter in dieser Stilisierung. Das Prinzip der medialen Persona wird durch Liz Lemon und Tina Fey mustergültig exemplifiziert (vgl. Kap. 9). Ihre eigene mediale Erzählung wird fortgesponnen (vgl. Kap. 3 & 4), in sich beschleunigendem Tempo.

Es ist genau diese Erzählhaltung und -dynamik der sich überschlagenden und selbst widerrufenden Ereignisse, die Fey in ihrer Autobiographie erzählt, diese komisch-akrobatische Agogik, die *30 Rock* durchgängig und fortlaufend prägt (vgl. Kap. 2). Es ist eine Verlaufsform, die mehr als nur eine ironische Referenz an die klassische Screwball-Comedy der 1930er-40er Jahre ist. Ein Prinzip der Wirklichkeitsdarstellung, der Kontingenzsteigerung sowie der erzählerischen und medialen Selbstverausgabung wird hierbei installiert, ausgereizt und zum Exzess getrieben. Die Figuren, die in der Serie (und im Folgenden auch in diesem Buch) eingeführt werden, sie bleiben – und das ist immer wieder radikal verstörend zu erleben – sie bleiben faktisch nie konstant. Nicht nur in oberflächlichen Charaktermerkmalen oder situativen Handlungsgewohnheiten. Die Figuren in *30 Rock* kippen und wandeln sich unaufhörlich, teils mehrfach in einer Episode und viele, viele Male innerhalb einer Staffel, unabschließbare Formwandlung, um und um. Sie verändern tiefgreifend ihrer maßgeblichen Charaktermerkmale, ihre biographischen Vorerzählungen, ihre Handlungsroutinen, ihre Wissensvorräte, ja sogar ihre voreingestellten Beziehungsneigungen und -geschichten, ihre Geschmacksvorlieben und Lebensprinzipien (vgl. insb. Kap. 2 & 8). Die Zuschauerin kann buchstäblich nicht erwarten, in jeder neuen Episode die gleichen Figuren in der gleichen Konstellation, Schwerpunktsetzung und Konfliktbewältigung, mit den gleichen Charaktermerkmalen, Obsessionen und Aversionen zu erleben. Dieser brachiale Grundton unaufhörlicher Überraschung ist nicht zuletzt einer der großen Genüsse dieser Serie – zumindest für den Autor dieser Zeilen.

Mit dieser unausgesetzten Zerstörung der Figurenkonsistenz verstoßen die Hauptautorin Tina Fey und ihre Regisseure und Episodenautoren kunstvoll und gezielt gegen fundamentale Erwartungen an fiktionale Werke. Zum Verständnis der Fiktionsmechanik von *30 Rock* scheint darum eine Fiktionstheorie besonders geeignet, die zugleich grundlegende Theorie der fantastischen Literatur ist – was vielleicht überrascht. Der bulgarische Semiotiker und Kulturtheoretiker Tzvetan Todorov hatte 1970 in seiner *Introduction à la littérature fantastique* umrissen, worin die befremdlichen, die unheimlichen, aber auch die anregenden Verschiebungen der Wirklichkeitseffekte in fantastischer Literatur bestehen. Er zieht hierzu die Begriffe des Unheimlichen und des Wunderbaren als zwei Extrempositionen heran und skizziert in seiner einflussreichen Studie, wie das Fantastische genau zwischen diesen beiden Extremen vermittelt und Realismus wiederherstellt. In der Theorie Todorovs ist das Unheimlich-Grauenvolle und das Wunderbar-Erhebende stets eindeutig: es bleibt kein Zweifel, wenn wir es mit einem Buch zu tun haben, dass ganz sich diesem Extrem hingibt. Wir bewegen uns dann in einer anderen Welt, in der andere Weltgesetze gelten: Personen können ihre äußere Erscheinung (auch nur für wenige Minuten) ändern; Handlungen haben keine, die extremsten oder räumliche und zeitliche Distanz überbrückende Wirkungen; Ereignisse können rückwirkend widerrufen oder rückwirkend gewandelt werden; Kreaturen und Entitäten sind belebt, mit Bewusstsein und Handlungsmacht ausgestattet, die unsere täglichen Annahme über das gewöhnliche Gelingen unseres Lebens widerstrebt (Gewässer sprechen, Hunde erzählen Witze, Drachen führen einen Industriebetrieb). Im Kern der Theorie Todorovs stehen also die sogenannten *Weltgesetze* oder *Realitätspostulate,* die eine jeweilige Erzählkultur als gewöhnlich annimmt. Eine punktuelle und mehr oder weniger konsistent gebrauchte Verletzung dieser Weltgesetze begründet dann den Status als fantastische Literatur.

　　*30 Rock* ist aber keine unheimliche oder wunderbare Fernsehserie (die sich derzeit gerne auf Vampire, Zombies, Apokalypsen und Verschwörungstheorien stützen). Dennoch ereignen sich punktuell Brüche im System der Realitätspostulate – oder wie es der strukturfreudige Literaturwissenschaftler Uwe Durst nannte: im *Wirklichkeitssystem.* Nach Todorov bewegen wir uns damit im Reich des Fantastischen im engeren Sinne, das vor allem durch die Uneindeutigkeit, die Ambivalenz im Status des Unheimlichen oder Wunderbaren gekennzeichnet wird. In diesem Sinne ist *30 Rock* – wie in den folgenden Kapiteln zu lesen sein wird – tatsächlich eine fantastische Fernsehserie: die Gesamtheit der Setzungen, Erwartungen und Annahmen an das Wirklichkeitssystem einer Fernsehproduktion wird unaufhörlich zersplittert und verspielt: sei es durch den aus Zeit und Raum gefallenen Doktor Spaceman, durch die befremdlichen Auftritte Kenneth Parcells, die mannigfaltigen Vorleben des Tracy Jordan, die unmenschlichen Überleistungen des Jack Donaghy. Solche Figuren und ihre Handlungen zerbrechen die konsistente Fiktionalität von *30 Rock* in einer Weise, die über die üblichen televisionären Verfremdungsspielereien hinausgeht.

　　Mit diesem Band möchte ich darin einführen, in welchen Details und mit welchen Bezügen und Rückgriffen auf den Kanon der Nerd- und Popkultur sowie auf verschiedenste Genres der Fernsehkultur *30 Rock* als zeitgenössische Form auch einer fantastischen Fernsehserie gesehen werden kann. Als zunächst zaghafter Antwortversuch im Stile einer Arbeitshypothese im Einleitungskapitel lässt sich feststellen, dass *30 Rock* einen Grad an Fantastik erreicht, der in dieser Fülle ein Kennzeichen jüngerer Fernsehserien ist. Die Wirklichkeitseffekte dieser Serien werden bevorzugt hin- und hergewälzt, umgestülpt, hinterfragt und ausgesondert. Anders als in früheren Fernsehserien herrscht nicht mehr ein naturalistisches oder gar klassizistisches Ideal des zeittypisch detailkorrekten oder eines genretypisch wohlgeformten Erzählens vor; vielmehr sind diese Werke allesamt mehr oder weniger in eine Phase der größtmöglichen Reflexivität zu ihrem Genre eingetreten – was nicht zuletzt eine Bezugnahme, ein Anspielen und Erinnern an, ein Erwähnen und Ausdeuten damit verbundener Fernsehserien, Popmusikstücke, Internetphänomene, öffentliche Figuren und politische wie gesellschaftliche Ereignisse zur Folge hat. Der Lehrbuchbegriff der *Intermedialität*, der sich so gerne grau und allumfassend gibt, feiert hier seine totale Allmacht: eine Allmacht der Fantastik im mitunter reichlich profanisierenden Medienbetrieb eines Fernsehsenders.

Während die wissenschaftliche Forschung seit 1970 weit verfeinerte Ansätze zur Fiktionstheorie hervorgebracht hat (u. a. die des erwähnten Uwe Durst), so bleibt die Evidenz der Theorie Todorovs nach wie vor schlagend. In der Gegenwart des frühen 21. Jahrhunderts wäre ihre teils überdeutlich strukturalistische bis essentialistische Formulierung zwar zu relativieren in Richtung auf kulturelle und historische, auch individualbiographische Plastizität der Realitätspostulate mithilfe der Medienanthropologie; doch innerhalb einer Sphäre kultureller Produktion als die wir das Kontinuum neuerer, avancierter Serien ansehen müssen, gehen wir, die Zuschauerinnen und Zuschauer notwendigerweise von hinreichend konsistenten Realitätspostulaten aus, die Teil unserer Erwartungshaltung sind. Wie diese nun jeweils angebrochen, durchlöchert, über den Haufen geworfen oder gar vollständig umgekehrt werden, dies macht – nicht zuletzt – auch den Genuss dieser neuen Serien des frühen 21. Jahrhunderts aus.

In den Kapiteln dieses Buches möchte ich meine Untersuchung zu *30 Rock* – der ich mich bislang ganz von außerhalb angenähert habe – in einer doppelten Bewegung fortsetzen: einerseits möchte ich untersuchen, wie zentrale Figuren der Serie sich darstellen, sich im Laufe der Staffeln wandeln (oder nicht wandeln), wie sie sich darin zueinander verhalten, wie sie erratisch in ihrer Identität springen und welche Aufgabe sie in den Erzählungen einzelner Episoden jeweils übernehmen und welche Brüche sie verantworten; andererseits möchte ich einzelne Episoden der Serie eingehender untersuchen, um herauszufinden, was den spezifischen Erzählstil, die spezifische Faszination dieser im Todorovschen Sinne fantastischen Serie ausmacht: zwischen hochbeschleunigten Screwball-Elementen, teils unerträglich geschmackvollen Karmerainszenierungen, grotesk aufeinander gestapelten Referenzen an popkulturelles und Nerdwissen sowie Figurenmasken und -kostümen, die die Serie selbst zum popkulturellen Gespött ihrer Figuren und ihres jeweiligen Nerdwissens machen könnte. Dieser doppelte, figuren- wie auch episodenzentrierte Fokus meiner Untersuchung folgt dabei einem Analyseansatz der Anthropologie des Theaters und der Medien (Schechner 1985; Askew 2002; Rothenbuhler 2005; Schulze 2012; Engell und Siegert 2013). Eine solche Analyse erlaubt es, die Aneignung und Hervorbringung solcher medialer Artefakte in Feldforschungen und detaillierten Analysen zu untersuchen – und zugleich den Status medialen Handelns sowie das zugrundeliegende und dadurch modifizierte Konzept vom Menschen (Wulf 1997, 2009) zu befragen. Im Rahmen dieser Studie werden darum die spezifisch eigenen, komischen Performanzen und Charakteristika des medialen Artefaktes *30 Rock* in seiner aktualistischen Zeitlichkeit, seinem spezifischen Referenzraum der Pop- und Nerdkultur sowie der Zuschauerperspektive jüngerer Fernsehserien untersucht. Das Artefakt *30 Rock* wird dabei zum exemplarischen Forschungsfeld eines Verständnisses der sich darin darstellenden, reflektierenden, kritisierenden und letztlich selbst feiernden (Sub-)Kultur. Die folgende Studie ist somit keine Überflugstudie, die versucht *for the sake of academic distinction* Gemeinsamkeiten zwischen Unvergleichbarem herauszufinden, bestenfalls originell: vielmehr möchte ich in diesem kleinen Band die Eigengesetzlichkeit dieser einen, kleinen Serie herauszuarbeiten versuchen. Die Episoden und Figuren, über die ich sprechen werde, bieten hierdurch einen Zugang zur amerikanisch geprägten Pop- und Fernsehkultur der jüngsten Gegenwart. Was ist der vielbeschworene Fortschritt einer globalisierten Gegenwartskultur? Was ist der *American Progress*?

# The Polymorphous-Perverted Child: Tracy Jordan

2

Sie sitzen beisammen. In einem etwas zu kleinen Herrenzimmer. Braune, tiefknautschige Ledersofas; gegenüber ein hellerleuchtetes Aquarium, das grünschimmernd den braunen Raum erhellt; an der Wand kleben große Werbeplakate für abstruspeinliche Filme: Filme aus der jüngeren Vergangenheit des Stars, der in dieser Garderobe wohnt, kifft, daddelt, onaniert, säuft, in die Kissen weint, wütend seine Chefin oder Kollegin anschimpft; ein Star, der sich in dieser bescheidenen Residenz auch gerne in seiner jeweils neusten Selbsterfindung präsentiert, ausstellt, deklamiert, gar vortanzt und antizipierend imaginiert – zumeist nur peinlich, lächerlich, verstörend, empörend. Ein Kinder-, Jugend-, Pubertäts- und Männerzimmer der höhligen Selbstverpuppung und -verwandlung. Langweilig, auch leicht ekelig anzuschauen, doch (vielleicht der einzige) Nährboden, das einzige Biotop zum Heranzüchten der imaginären Kreaturen seiner Bewohner.

Tracy Jordan, der Bewohner dieser Herrenhöhle, betritt die Serie *30 Rock* per Empfehlung des neuen Vorgesetzten: als Jack Donaghy (vgl. Kap. 10) sich den Verantwortlichen der altgedienten Late Night Show *The Girly Show* vorstellt, führt er sogleich seinen neuen Lieblingskomödianten ein. Er habe Tracy Jordan im Flugzeug kennengelernt, Liz Lemon solle ihn doch fix bei einem Mittagessen um die Ecke kennenlernen. Das Erste, was wir von diesem Herrn Jordan dann sehen: in Feinrippunterhosen schwingt er mitten auf einem Highway ein Spielzeuglaserschwert und ruft: „I am a Jedi! I am a Jedi! I am a Jedi!" – in einem Livebericht der NBC-Nachrichten. Liz Lemon (vgl. Kap. 4; vgl. Abb. 2.1), die Chefautorin und Produktionsverantwortliche der *Girly Show* ist entsetzt, was auch sonst: wie kann es sein, dass eine ausdrücklich *mädchenhafte Unterhaltungssendung*, die vor allem einen Humor bieten soll, der weibliche Sichtweisen, (Selbst-)Ironie und Widerfahrnisse aufgreift, wie soll eine solche Show ausgerechnet von einem derart kindischen, unberechenbaren, ja vermutlich vollständig unzurechnungsfähigen Star,

© Springer Fachmedien Wiesbaden 2016
H. Schulze, *American Progress,* Serienkulturen: Analyse – Kritik – Bedeutung,
DOI 10.1007/978-3-658-09135-4_2

**Abb. 2.1**  Tracy Jordan As Jedi – S01E01 – © NBC

einem akzentuiert männlich bis maskulinistischen Star denn verkörpert werden
(vgl. Abb. 2.2)? Dieser kranke Typ mit einer Schwäche für *strip clubs, casual sex
& GTA* soll im Zentrum ihrer Show stehen? Die sie ehemals doch mit ihrer Jugend-
freundin Jenna Maroney entwickelt hatte?

Mit „I have an apple juice." und „I know who you are." lernen Liz Lemon
und Tracy Jordan sich kennen. Frappierende Naivität und Egozentrik (die nahezu
alle Figuren der Serie auf ihre je eigene Weise teilen) werden das Verhältnis von
Liz und Tracy in allen weiteren Episoden prägen. Ebenso prägend ist auch die
Entourage, die Tracy umgibt bei diesem Lunch in New York (vgl. Abb. 2.3): diese
Entourage sind seine Freunde, Mitstreiter, seine dienstbaren Geister, Babysitter
und Speichellecker, seine Tröster und Spielkameraden, die ihn unaufhörlich ein-
hüllen. *Grizz* und *Dot Com* sind ihre gleichermaßen Kose- wie Markennamen. Sie

**Abb. 2.2**  TGS With Tracy
Jordan – © NBC

**Abb. 2.3**  Tracy, Grizz, Dot Com – S07E13 – © NBC

sind sein heilsamer Schutz vor allzu harten Konfrontationen mit der harten Außen-
welt – mit dem Kleingedruckten in Arbeitsverträgen, mit unerfreulichen Entwick-
lungen aufgrund unüberlegter Kaufimpulse oder mit den unerwünschten Folgen
flüchtigen Geschlechtsverkehrs am Rande eines Stripclubbesuchs. Sie fahren ihn,
sie spielen mit ihm (Autodiebstahls- & Zuhältervideospiele), sie hüten seine Gold-
ketten, vorübergehenden Haustiere oder Lieblingsfilmplakate, sie knuddeln ihn
und nehmen ihn tröstend in den Arm. Er ist ihr geliebter Prinz. Ihr Talisman. Sie
sind seine Schutzengel.

Grizz und Dot Com bereiten damit auch die akrobatische Bühne, auf der sich
die Komik von Tracy Jordan alias Tracy Morgan bis zum Extrem entfalten kann.
Während Tracy etwa in der Episode *Do-Over* (S03E01) beherzt ausruft „Let's go
shopping. To the Batmobile!" – und jeder wie selbstverständlich annimmt, dies sei
lediglich eine kuriose Phrase von eher begrenzter Komik – wird diese laue Wendung erst wirklich zum Lachen, wenn Grizz sie als eine Tatsachenbeschreibung
enthüllt und beiseite zu Liz sagt: „Don't worry, he's just leasing it." Dem Beispiel dieses kleinen komischen Akrobaten- und Illusionistenschaustückes folgen
viele der größten Gags und Lacher in *30 Rock*: Eine vermeintlich alltägliche, nur
ganz leicht komische bis zart schrullige Äußerung, Handlung oder Geste wird vollzogen, die zunächst keine Aufmerksamkeit bei einem Zuschauer wecken würde;
sie wird jedoch tatsächlich komisch, wenn die Person selbst (respektive eine nahe
andere Person oder ein Hinweis der Szenerie) offenlegt, dass diese Geste, Handlung oder Äußerung tatsächlich wortwörtlich so gemeint ist und auf einen Lebens-

stil, eine Lebenssituation und weitreichende Handlungsstränge verweist, die bis
zur Absurdität undenkbar wären. Aber nun offenbar wahr zu sein hätten. Diese
akrobatische Komik zeigt sich wiederholt bei Tracys Celebrity-Überspanntheiten
(im Register von Reichtum, Bandenkriminalität und Weltherrschaft), ebenso bei
jenen von Jenna (das Register hier: vollkommene Schönheit, umjubelte Weltschau-
spielerin, gigantische Filmrollen), auch in Jacks tatsächlichen Weltherrschaftsseil-
schaften und Affären mit den reichsten Erbinnen und teuersten Starmodels; in die
Gegenrichtung der Tatsachenenthüllung führt der Humor bei Kenneth (seine Armut, Beschränktheit und glückselige Kleinkariertheit können wir uns kaum vor-
stellen), Frank (Extreme der vereinsamt-verlotternden, asozial-onanistischen Ner-
dexistenz) oder Pete (Extreme Mittelmaßlauheiten eines deprimierend ereignislo-
sen Familien- und Ehelebens). Liz schließlich – und dies qualifiziert sie wiederum
als Hauptfigur – wird mit komischer Akrobatik versehen, die Elemente all dieser
Figuren verbindet: Armut und Reichtum, Ereignislosigkeit und Weltherrschaft, Beschränktheit und Unumschränktheit.

Die Radikalität sowie kindhafte Sturheit der grotesken Wendungen im Handeln von Tracy Jordan bleiben jedoch einzigartig. Nicht nur nahm er eine Single
namens *Werewolf Bar Mitzvah* für Geffen Records auf (ein notorisch schrulliges,
extrem erfolgreiches US-Indielabel z. B. von Sonic Youth, Mos Def, Beck, GZA,
Nirvana, The Roots, Snoop Dogg oder Kylie Minogue) oder arbeitet beharrlich am
Stoff für den Film *Jefferson*, in dem er die Tripelrolle von Thomas Jefferson, Sally
Hemings und King George III. zugleich zu spielen trachtet. Tracy ist also – ganz
offensichtlich – stets dem Wahnsinn nahe, ergibt sich wollüstig seinen eigenen
vielgestaltigen Perversionen wie nur ein Kind und braucht darum dringend das
heimelige, humanoide Schutzschild von Grizz und Dot Com. Doch auch einem zunächst völlig unscheinbaren anderen ist er sehr dankbar, einem dienstbaren Geist
und Fanboy: dem Pagen der Sendung Kenneth Parcell (vgl. Kap. 8). Kenneth ist
ein naiver Parsifal vom Lande, dem *compound*, dem ein späteres Kapitel dieses
Bändchens gewidmet sein wird. Alle am Set bei diesem hochwohllöblichen und
altehrwürdigen Fernsehsender NBC bewundert er, ja die gesamte Historie des
Fernsehens in toto ist ihm gleichsam ein nahezu mythischer Kosmos, eine Götter-
welt: und Tracy Jordan nun also der jüngste auf Erden wandelnde Gott – täglich
ihm Order und Maßregelung erteilend. Der Dienstbote ist verzückt. Eine Begeisterung, die sich auf selbst für Tracy Jordan erschreckende Weise detailliert und
geradezu schnüfflerisch intim sich artikuliert. Der blasse, dünne Junge in den zu
großen Dienstjacketts wird auch von Tracy zunächst belächelt; doch sein Detail-
wissen, seine tricksterhaften Vorahnungen und Vorbereitungen lassen erahnen, was
er im Vorfeld über den Fernsehstar hat in Erfahrung bringen können aus intimen
Details seines Alltags-, Berufs- und Intimlebens. Der servile Bursche erscheint als

ekelerregender Schnüffler, intimitätsgeiler Voyeur und Allesbeobachter. Tracy hat schließlich Angst vor diesem Schlemihl. Der souverän-kindliche Comedian, der sich so gern als mit allen Gangsterwässerchen gewaschen vorzeigt, nun scheut er zurück vor dem naiven Landei. Erkennen sie einander, die einander womöglich ähneln? Die ahnungslosen Trickster und kindlichen Betriebsnudeln? Die schizophrenen Borderliner?

Ganz im Sinne Hegelscher Herr-Knecht-Dialektik sind es just Tracys Knechte der Entourage, des NBC-Pagen und auch des Autorenteams (die er selbstverständlich ebenfalls als Knechte betrachtet), die ihn als Figur und Person erst aufblühen lassen und zur Kenntlichkeit bringen. Ohne sie wäre er lediglich ein Komödiant, leidlich lustig, eher von seiner eigenen Lustigkeit maßlos verblendet. Allein die Bewunderung, die Anbetung, die Verehrung und Bedienung durch seine Knechte lässt ihn zu dem Herren werden, der ausgerechnet einer *Girly Show* zu neuem Glanz verhelfen soll. Deutlich gesagt: Die *mediale Persona* des Stars wird nicht durch sein eigenes Handeln begründet – sondern durch das Halo der mesmerisierten Entourage. Ohne dieses fällt er in sich zusammen, was denn auch regelmäßig sich ereignet: nicht selten aufgrund des einen oder anderen peinlichen Ehehändels, die Tracy mit seiner Frau Angie in die *TGS*-Studios unwillkürlich hineinträgt. Sie ist es auch, die die charaktertypische Transgression – kleinkriminell, sexuell enthemmt und endlosen Reichtum als normal voraussetzend – als gekonnte, nur leidlich von ihr geduldete und ertragene Selbstinszenierung bloßstellt. Sie duldet es als ein notwendiges Sandkastenspiel ihres großen Jungen, der nunmal herumsauen und an sich und anderen herumspielen muss. Polymorph pervers.

Das Männerbild in *30 Rock* – das sich an Tracy Jordan schon überdeutlich zeigt – lässt sich damit (auch für alle anderen Männerfiguren) wie folgt zusammenfassen: Männer erscheinen als reichlich alberne, ahnungslose, mit ihren überflüssig-eitlen Problemchen ziemlich nervende und von ihrer vermeintlichen Genialität reichlich verblendete Fatzkes und Witzfiguren. Ein in vielen Fällen durchaus realistisches Geschlechterbild zu Beginn des 21. Jahrhunderts. Denn: sogar die dezidiert auf weiblichen Humor, leicht-ironische Softerotik und tägliche Widerfahrnisse ihrer Zielgruppe zugeschnittene *The Girlie Show* wird schließlich mit Tracy Jordan als neuem Star platziert. Der Titel, auch das Lieblingskind der Chefautorin Liz Lemon und ihrer langjährigen Freundin (und Liz' Anderem) Jenna Mahoney, wird in einem Akronym versteckt: *TGS with Tracy Jordan.* Die quotentaugliche Umorganisation der Sendung ist damit vollzogen. Alle Anliegen von Autorinnen und Akteurinnen sind ausgelöscht. Das Unternehmen und seine Institutionslogik behält die Oberhand.

Charakteristisch für die wenig tiefgreifenden Zweifel zulassende komödiantische Erzählform freunden sich selbst Liz und Tracy auf befremdliche Weise doch

an. Der weibliche Nerd mit Vaterkomplex und das große männliche Kind mit Mut-
terkomplex stolpern offenbar ähnlich ratlos beliebt und grotesk selbstverzweifelt
(denn erfolgreich sind sie eben beide doch) durch ihren Beruf und ihr Privatle-
ben. Dabei folgt Tracy sehr gezielt dem Modell Eddie Murphy, dem überdrehten,
übermachoiden und dennoch ausdrücklich infantilen Afroamerikaner: und er ist
sich dieser Rollen sehr bewusst, wie regelmäßig deutlich wird, wenn versehentlich
seine Kenntnisse in Altgriechisch, in Quantenphysik oder internationaler Politik
durchscheinen. Doch wie erwähnt: diese inkommensurablen Brüche in seiner Persona bleiben nur als solche. Nie wird eine derart erratische Äußerung sanft einge-
bettet in eine Vor- oder Nachgeschichte. Die Veränderungen – seien es solch kleine
oder größere –, die er im Laufe der Serie durchmacht, sind nicht von Dauer. Stets
kehrt er wieder zurück zu seiner Fernsehserie, zu seinem Rollenklischee, zu seiner
Ehefrau. Der unstet-geschichtslose Wandel ist konservativ. Eine Wiederkehr des
Immergleichen, die durchaus als boshafter erster Deutungsansatz des vielbeschwo-
renen *American Progress* verstanden werden kann: Fortschritt ist nur denkbar in
Amnesie und Sprung, Amnesie und Sprung, Amnesie und neuerlichem Sprung. In
diesem Fortschrittsbegriff nach Tracy Jordan verschwindet der Fortschritt in einer
merkwürdig hektischen, letztlich rückwärtsgewandten Stasis. Dieses unaufhörlich
destruktive und dabei kindlich heimatverbundene Tun und Lassen von Tracy Jordan lässt sich besonders gut am Beispiel der preisgekrönten 14. Episode der dritten
Staffel beobachten.

# The Funcooker (S03E14): Die mediale Erzählung

„You know what: this is the best day ever." Mit diesen Worten wird Liz Lemon am Ende dieser Episode den ganzen Tag abschließend bewerten, der in dieser Episode erzählt wird: *The Fun Cooker*. Tatsächlich beginnt der Tag in Hochstimmung für Liz: eine kaum aufzuhaltende Lebensneuordnungsenergie scheint sie zu durchströmen in den ersten Einstellungen. Begeistert und tief erfüllt berichtet sie, wie sie im neuen Warenhaus auf der 5th Avenue eine ganze Reihe großartiger Plastikdosen kaufte, um ihr Leben neu zu ordnen: um ein besserer, besser sortierter und klarer, sich selbst transparenterer Mensch zu werden. Die gehässige Logik der Komödie verlangt es allerdings, dass dieser hochwohlmögende Monolog umgehend durch einen übereifrigen Fahrradboten im Keim erstickt wird: Liz liegt auf dem Asphalt – begraben unter ihren vermeintlich so beglückenden Plastikdosen, eingekeilt im Fahrradbotenrennrad (Abb. 3.1).

Die große Erzählung, die die verantwortliche Redakteurin Lemon hier mit großer Geste und schwellender Brust zu verkünden sich anschickte, ihr ganzes Bemühen, sich eine neue Erzählung ihrer selbst zu erfinden und zugleich anzuzeigen (*An diesem Tag änderte ich mein Leben: mit dem Kauf dieser Plastikdosen wurde auch ich eine ganz andere!*), all dieses aufgeblähte Selbstdarstellungspathos wurde durch einen ungeschickten, doch kaum überraschenden Zufall zunichte gemacht. Fahrradbote streckt Plastikdosen nieder: ein hochbeschleunigt hereinrasender, unbekannter Akteur vernichtet jede abstrakte, sorgsam ausgefinkelte, planerische Ambition. Ein weiterer Fall von komödiantischer Akrobatik. Auf diese Weise werden noch einige stolz errichtete Selbsterzählungen im Lauf der Episode torpediert, unterminiert, sie werden implodieren und teils von ihren Schöpfern und Protagonisten selbst zerstört.

Diese Selbstzerstörung beginnt – nach Art einer Mauerschau erzählt – mit der offiziellen Liveübertragung zum großen, medial stets weidlich und whiskey- wie guinessselig ausgeschlachteten St. Patrick's Day in New York (vgl. Abb. 3.2): die

© Springer Fachmedien Wiesbaden 2016
H. Schulze, *American Progress,* Serienkulturen: Analyse – Kritik – Bedeutung, DOI 10.1007/978-3-658-09135-4_3

**Abb. 3.1**  Liz As Leia – S03E14 – © NBC

Selbsterzählung der stets narzisstisch-verunsicherten Jenny Mohaney, diesem *poster of a girl*, fiel in sich zusammen als sie selbst vor Müdigkeit und Überarbeitung vom Stuhl kippte während der offiziellen Sendung, die sie live mit Tracy moderierte. Ausgerechnet der aufgeblähteste Selbsterzähler und Selbstfabulierer von allen, der, der unaufhörlich immer neue Erzählungen von sich auch medial ausstreut (neben Tracy natürlich), Jack Donaghy ist es dann, dem die hochmoralische Aufgabe zukommt, diesen beschämenden und selbstzerstörerischen Ausfall zu ahnden

**Abb. 3.2**  St. Patrick's Day Live with Jenna & Tracy – S03E14 – © NBC

**Abb. 3.3**  Dr. Leo Spaceman – S03E14 – © NBC

und einen Strafzoll zu erheben: $ 50.000 – die Tracy Jordan etwas ratlos dadurch erlösen will, indem er seine schwere, edelmetallene Präzisionsarmbanduhr entzweischneidet: „Can anyone cut this in half?" Tracys mediale Erzählung, er sei ein verwöhntes, vergnügungssüchtiges, großes Kind wird hierdurch nur bestätigt.

Alle Personen von *30 Rock* ringen mehr oder weniger unaufhörlich mit dem Erhalt ihrer Selbsterzählungen. Eine Selbsterzählung in diesem Sinne umfasst die möglichst konsistent in allen Äußerungen, Handlungen und Haltungen zugrundeliegende Erzählung davon, wie eine Person so wurde wie sie ist, was sie will, was sie hofft, wie sie sich selbst auf dem Weg oder angekommen sieht (ausführlicher: Schulze 2012, S. 129–135). Sie ist damit die Grundlage für die umfassendere mediale Erzählung, von der im Laufe dieses Kapitels noch ausführlicher die Rede sein wird. Denn im Gegensatz zu Tracy müht sich Jenna redlich, ihre Selbsterzählung in all ihren medialen Selbstdarstellungen aufrechtzuerhalten – auch mit *chemischen* Mitteln. Sie sitzt zur Konsultation bei Dr. Leo Spaceman, einem behandelnden Arzt, offenbar Universalgenie, eine ganze Reihe an Centerfold-Blondinen stets als Sprechstundenhilfen bevorzugend (vgl. Abb. 3.3); dieser Arzt tritt bei *30 Rock* zunächst nur unregelmäßig auf, als Cameo, den keiner kennt. Im Laufe der Staffeln erscheint er immer öfter: wie aus dem Nichts tritt er auf, hat sonor vorgetragene Patentlösungen und -arzneien parat (öfter auch ungetestet) und verschwindet ebenso folgenlos wieder. Der Schlemihl als Quacksalber. Dieser akademisch mit Sicherheit vollständig unqualifizierte Arzt empfiehlt ihr als den letzten Tipp zur Rettung ihrer Karriere und ihrer vielen Verpflichtungen (Spielfilme, TGS, Werbefilme, Sexualleben, Freundeskreis, Kollegenkreis, Familie und Körperpflege, Bekleidungskauftouren) eine neue Sorte Extremweckamine: „It's being funded by the american military – and the WNBA!" (vermutlich die *Women's National Basketball Association* – oder meint er doch die *World Ninepin Bowling Association*?) Von diesen bunten Kapseln solle sie nun 25 Tabletten täglich zu sich nehmen – bis ans Ende ihres Lebens. „They keep my lab rats awake for days." Das sollte die Rettung sein.

Nach solcher Rettung sucht immer noch Liz Lemon – wie so oft in *30 Rock* – zunehmend verzweifelt: in ihrem Fall allerdings nicht vor dem Zerfall ihres medialen Selbstbildes als perfekt gestylte, gern gebuchte und höchst umtriebige Schauspielerin und Frau in den Medien; Liz möchte ihre Lebens- und Arbeitszeit retten vor den bösen Fängen der Verpflichtung als Schöffin, als Jurymitglied vor Gericht, zu dem sie berufen wurde. Nur rechtlich höchst umständlich wäre dies zu bewerkstelligen, da es als Staatsbürgerin ihre Pflicht ist, bei Gericht mitzuwirken. Sie sucht also, wie üblich und nerdtypisch, nach trickreichen, unbezwingbaren und möglichst bombensicheren Workarounds, die komische Akrobatik nimmt wieder ihren Lauf. Ihrer Bürgerpflicht versucht sie durch ein Prinzessin Leia-Outfit sowie einigen Playgirl-Magazinen aus den frühen 1980er Jahren zu entkommen (vgl. Abb. 2.1): Wird sie so ausgestattet nicht ganz offensichtlich als geistig wenig zurechnungsfähig erscheinen und als Schöffin ausgemustert werden? Sie erfindet sich eine kleine, neue Selbsterzählung für die mediale Bühne (vgl. Kap. 7) des Gerichtssaals. Während sie der Redaktion kurz Adieu sagt, verspricht Frank (der verschlafen-pyknische Nerd, der in dieser Folge eine Truckermütze mit der Aufschrift REVERSE PENDULUM trägt; vgl. Kap. 6) dem Pagen Kenneth, dass alle zusammen ihm dabei helfen werden, die Mittagsbestellung auch wie sonst üblich durcheinanderzubringen: das ganze Autorenteam grinst verständnisvoll, hilfreich und hintergründig boshaft. Im Übererschwang der gerührten Erregung über diese ganz eindeutige und unverstellte Sympathiekundgebung (im sarkastischsten Sinne) will Kenneth am liebsten Frank vor Rührung zitternd herzen und umarmen – „You guys are my best friends!". Frank wendet sich halb geschäftig, halb genervt ab.

Im Rausgehen trifft Liz auf Tracy, der ihr seine neuste Erkenntnis über Televisionsethik verrät: da er die eine Hälfte seiner luxuriösen Armbanduhr versetzen musste, um die 50.000 Dollar Strafe möglichst lässig aufzubringen, bietet er Liz die andere Hälfte an, die für ihn nun wertlos sei. Seine Erkenntnis: „If you pay some money afterwards you can say whatever you want on tv." Liz will ihn zurückhalten, das sei nun nicht die Lehre aus diesem Vorfall – während im gleichen Moment die hyperaktive, tabletteninduziert megawache Jenna aus dem Aufzug springt, bekokst in Quadrupelpotenz.

Kurz sehen wir Liz Lemon als Prinzessin Leia, einige Playgirl-Magazine photogen im Anschlag, als sie dem Richter berichtet, sie sei doch nur ein Hologramm – der sie aber dennoch umstandslos als Teil der Jury vereidigen will; wir sehen die

Freakshow der Drags und Cosplayer, der offensichtlich Kranken, der Obdachlosen und der Dropouts, die im Warteraum gleichfalls auf ihren Einsatz als Jurymitglieder warten. Prinzessin Leia als Hologramm fügt sich hier nahtlos ein.

Sobald Liz aber ihren Arbeitsplatz verlassen hat, eilt schon der einzig wirkliche Chef in den Schreibraum der Autoren: Jack Donaghy in seiner Eigenschaft als *Vice President of East Coast Television and Microwave Oven Programming for General Electric* mit seinem ewig futuristischen Produkt, einem *Pocket Microwave-oven*. Er braucht einen Namen dafür. Seit 3 Jahren, so berichtet er gehetzt und angespannt, seien sie auf der Suche nach einem „hip edgy name" für die *marketing holy trinity* dieses Produkts: „coward students, the morbidly obese – and homosexual" Leider hätte sich der erste Name, *BiteNuker*, sowohl als beleidigend für französische wie auch für niederländische Käufer erwiesen: eine Niederländerin unter den Autoren (die nie zuvor und niemals hernach am Redaktionstisch von *30 Rock* saß oder sitzen wird) erhebt empört-bestätigenden Einspruch.

Zerstört und verwirrt kehrt Liz von ihrer Jurytätigkeit zurück; und Jack klärt sie – ungeachtet ihres Gesamtzustandes – umgehend auf, sie solle doch wie alle anderen auch, ihm bei der Namensfindung helfen; in der verbleibenden Stunde könne sie ja dann die nächste Show entwickeln, so schwer könne das ja nicht sein. Als sie einige ziemlich laue Namensideen vorschlägt, ermahnt er sie zu mehr Ernsthaftigkeit und deutet an, was wohl andernfalls passieren könnte: die Werbekunden würden ihr ausbleiben; die Show würde gecancelt; sie müsse wieder ein Dasein als Möchtegernliteratin fristen, zuhause bei ihren Eltern. Die Aussicht, sich nun auch noch mit dieser ziemlich deprimierenden Selbsterzählung identifizieren zu müssen, treibt Liz an, genau das zu tun, was Jack will. Ausgerechnet und bezeichnenderweise Jack, der in nahezu all seinen Serienauftritten aus nichts anderem als unaufhörlich hinausposaunten Erzählungen seiner selbst besteht, weiß sein Team stets kunstvoll auszubeuten, indem er Ängste vor peinlichen Selbsterzählungen weckt. Er hat auch dieses Mal Erfolg. Tracys Angebot, ausbleibende Werbeeinnahmen zu ersetzen und Werbung für sich selbst zu buchen, kann Liz nicht umstimmen.

In Sachen Taschenmikrowellenbranding wird Jack zunehmend verzweifelter. Er beruft schließlich ein Meeting des Autorenteams in seinem Büro ein – und da alles nicht fruchtet, will er das Schicksal entscheiden lassen und zieht Buchstaben aus einem Scrabble-Satz. Eine Steilvorlage für jeden komödiantischen Akrobaten: Weder V, A und G (die sofort das weibliche Geschlechtsorgan evozieren oder N und I (die ebenso umstandslos das undenkbare Wort NIGGER im Hinterkopf aller Scrabbler erinnern lassen) bringen sie weiter. Er nimmt allen Mut zusammen, wirft gleich einen ganzen Haufen Buchstaben, jenseits aller Geduld, auf den Tisch. Die sechs Buchstaben bilden das Wort: HITLER. Just zur gleichen Zeit wird Liz durch ihre Jurytätigkeit mit einer angeklagten Geschäftsinhaberin konfrontiert, die – anfangs nur andeutungsweise, schließlich immer expliziter – die grauslige Berufserfahrung von Liz in ärmlicher Kopie zu durchleben scheint: Mitarbeiter, die sie missachten, sich über sie lustig machen, alle Probleme auf sie abwälzen und ihre je eigenen Narzissmen sorgsam pflegen: „And don't get me even started on Tracy and Jenna!" Sogar die gleichen Namen wie Liz' Kollegen tragen die Mitarbeiter und Mitarbeiterinnen dieser Frau: Ihre Selbsterzählung in Wiederholung. Diese Protagonistin ergeht sich aber in der Folge immer mehr in Mord- und Vernichtungslust eines Feuers, das sie zu legen gedachte: sie imaginierte, wie dieses Feuer alles Schlechte verbrennen würde – und sie selbst endlich noch einmal von vorn anfangen könne (ähnlich wie Liz zu Anfang der Episode in ihrem Neuordnungs-, Simplifizierungs- und Sortierungswahn): „Behold! The Splendor of my beginning!" Begleitet von zerrend-zerrissenen Streichereinwürfen.

Schließlich fordert Jack das Letzte noch von seinem Team: „Underlings: I want to hear your ideas!" (im Hintergrund eine Fotografie, in der George W. Bush ihm etwas ins Ohr flüstert). Jacks Faktotum, Jonathan, ein groupieartiger Assistent, der ihn nicht nur respektiert, sondern heimlich und innig liebt, bewundert und verehrt wie einen Götzen („Oh my god, I knew this would come: I've so much inside of me!") hofft auf seinen großen Moment; und scheitert. Kenneth mit den üblich heraustretenden Augen und einem grinsend vor Freude und Genugtuung überzogenen Mund ist schließlich am umfassendsten durchdrungen vom Produkt, das es zu taufen gilt: „That's neat! A little microwave oven. So it's kind of like a *Funcooker.*" Jack greift es auf: das Produkt heißt von nun an *„ The Fun Cooker ".* Die Namensentscheidung wird durch alle Abteilungen weitergereicht und hindurchgepaukt: der zentrale Begriff der medialen Erzählung auch dieses neuen Produktes (unabdingbar für jede Markteinführung) ist gefunden. Das Glück aller Beteiligten ähnelt dem Glück der Konklave beim Finden eines neuen Papstes.

Auch Tracy arbeitet an der Wiederherstellung seiner riskierten medialen Erzählung: wie nach der verunglückten St. Patrick's Day-Moderation gefordert, sendet er zwar seine Entschuldigung im kulturtypisch zerknirschten und selbstgeißelnden Habitus. Dieser Entschuldigung jedoch folgt – wie schon gegenüber Liz angedeutet – sein eigener Werbspot: der all dies mit leichter Hand widerruft: „I don't approve this message!"; und mit albernen Robotergesten hernach – „I – am – an advertiser." – sogar die gesamte TV-Werbung dieses Sendeplatzes veräppelt. Weitere Strafgebühren sind zu erwarten; seine mediale Selbsterzählung als enfant terrible ist allerdings exakt wiederhergestellt. Er konnte, höchst gewitzt, beide Herren zufriedenstellen: die Gesetzes- und Medienbehörde einerseits – und sein öffentliches Image (sowie, ganz klar: sein Über-Ich) als irrer Gesetzloser andererseits. Diese Ermächtigung über die eigene Selbsterzählung ist nicht einfach. Denn die Handlungsträger einer solchen Erzählung haben kaum autorschaftliche Macht über diese Erzählung, die eher in einem gesellschaftlichen Vorstellungsraum über sie verbreitet wird. Erschwert wird dies unter medialen Bedingungen. Die *mediale Erzählung* ist darum bestimmt als eine Weise des Erzählens unter den Bedingungen medialer Übertragung und Wiedergabe (ausführlicher: Schulze 2012, S. 107–144). Mediales Erzählen über die eigene Person – wie es etwa an Tracy, Jenna, aber auch an Liz und dem *Pocket Microwave-oven* vorgeführt wird – bedient sich zunächst nicht allein der Mittel einer Wortsprache. Ihre Mittel sind Handlungen einzelner Handlungsträger – allerdings in wiederum erzählbaren Situationen. Jede mediale Erzählung ist darum eine Erzählung in Handlungen. Darum wiegt der Ausfall Jennas in der Liveschaltung vom St. Patrick's Day oder der alberne Werbeauftritt Tracys mehr als jede ihrer wortreichen Bekenntnisse. Umgekehrtes gilt allerdings für Liz und den *Funcooker:* hier wirken die Handlungen kaum, bleiben kraftlos. Liz' Leia-Auftritt wird jedoch von einem (möglichen) medialen Selbst konterkariert: Denn als die wahnsinnige Liz-Spiegelung, deren Selbsterzählungen an ihre eigene Berufssituation gemahnen, nach Verurteilung in die Zelle geführt wird, schreit sie der Late Show-Redakteurin entgegen: „I'm freer than you! I'm freer than you!" Vermutlich ist das sogar richtig, scheint Liz zu begreifen. Doch möchte sie wirklich Protagonistin der alten Erzählung der abgestürzten öffentlichen Fernsehfigur sein, die unter Blitzlichtgewitter abgeführt wird?

Liz kehrt also in das von ihr dezidiert nicht durchbrochene Kontinuum der Showproduktion zurück. Sie arbeitet ihre Pflichten ab und macht die Sendung möglich – ganz gemäß ihrer erwarteten Selbsterzählung als brave Arbeiterin im Bienenstock von NBC und Jack Donaghy. Als die Show beginnt, muss Dr. Spaceman noch kurz ihre Freundin Jenna retten, da eine seiner Laborratten an Erschöpfung starb: wegen Schlafmangel. Dieses Schicksal hätte nun auch Jenna gedroht und als die *Robot-Bear-Talkshow*-Nummer beginnt, schlägt Dr. Spaceman beherzt den Kopf eines Bären, der von Jenna gespielt wird, auf den Tisch, um sie ohne weiteres Getändel in den Schlaf zu zwingen (was ihrer medialen Erzählung, nun, doch etwas abträglich ist). Tracy springt auf die Bühne und ruft die allesvernichtenden Worte: „Hey America! Check out my *fun cooker:*" – er dreht sich um, zieht die Shorts herab und reckt seinen Hintern in die Kamera. Die mediale Erzählung einer hübschen Taschenmikrowelle namens *Funcooker* ist damit vernichtet. Während Jack und Liz diese Szene im Regieraum sehen, fällt Kenneth wieder ein, wo er dieses schöne Wort vom *Funcooker,* das er vorgeschlagen hatte, schon einmal gehört hatte: bei Tracy, wo sonst – in einer seiner Schimpf- & Witztiraden. Jack rennt raus. Liz ist noch verstörter als ohnehin. „Go to commercial! Go to commercial!" Und im nächsten Werbespot, in dem schon wieder Tracy zu sehen ist, der lässig vor der hölzernen Rückwand seiner Garderobe dies und das erzählt, um die 30 s des Spots zu füllen – und schließlich schon wieder blankzieht, als letzten Lückenbüßer, Sekundenschinder: „Okay: here comes the fun cooker." Tracy *ist* nun der Funcooker.

Das ist seine neue, mediale Erzählung, die über ihn kolportiert werden wird. Er hat seinen neuen Skandal, *tabloid coverage, gossip newsflash*. Seine Glaubwürdigkeit als durchgeknallter Akteur ist bis zum Exzess wiederhergestellt.

Zum Ende versammelt sich das gesamte Team der Sendung reumütig in Liz' Büro und wartet auf sie, sie schlägt von außen die Tür zu, atmet durch – und entdeckt eine Packung Streichhölzer. Die konzertante Musik samt Cembalo und Klarinettenkantilenen der Gerichtspassage des Feuerteufels wiederholt sich: Liz schickt sich an, ein Streichholz zu entzünden. Es brennt; tief gebannt ist sie von der hohen, gelben Flamme – dann pustet sie diese kurzangebunden und irritiert von sich selbst aus. Wirft es weg. Natürlich landet es in einem Wäschehaufen, der sich entzündet, die Flammen schlagen an der Tür zu ihrem Büro hoch: *„BiteNuker!"* sind die Worte, die sie erschrocken ausspricht. Das Feuer bricht aus – wir sehen am Ende wie ein Feuerwehrmann allen durch das Loch in der Tür hinaushilft (und natürlich zieht er von dannen mit der langbeinigen, zu jungen Praktikantin in stets zu kurzen Röcken und stets zu lasziven Gesten. Jack ist es zufrieden. Nun hätten alle Angst vor Liz, das brächte ihr wenigstens eine Woche anständigen Benehmens von Seiten des gesamten Teams ein; auch seine eigene mediale Selbsterzählung ist also – vermittelt durch Liz – wiederhergestellt. Liz aber kommt zurück mit einem grauenerregend zerschmolzenen Etwas: „My containers! My new beginning!" Pathetisch streichelt sie über das grotesk zerformte Ding: die Plastikdosen, die ihr Leben doch ganz neu ordnen sollten. Alle Ordnung ist verdampft. Jack empfiehlt ihr, nachhause zu gehen. Sie solle einen Wein öffnen und vielleicht sich etwas Schinken in der Dusche mikrowellieren? Er händigt ihr ein Exemplar dieses begeisternden neuen Produktes namens *„BiteNuker!"* aus – Liz ist begeistert. „It works in the shower?" Ein perfektes Beispiel für die durchaus auch warenästhetischen Untiefen eines *American Progress:* Während individueller, auch charakterlicher Fortschritt tatsächlich als prekär bis unmöglich erlebt wird – wird er gleichwohl unaufhörlich gefordert, bekundet und ausgestellt. Im Ende aber vor allem durch Erwerb und Nutzung neuer Konsumprodukte verwirklicht. Die Taschenmikrowelle ist Liz Lemons höchstes Gut, der nobelste Gewinn all ihrer Bemühungen um Selbstverbesserung in dieser Episode. Sie ist daheim bei ihrer alten Selbsterzählung der beflissen-entsagungsvollen Mediensinglefrau. Als ihre Selbsterzählung also in den beharrlichen Status Quo vom Beginn dieser Episode wieder eingebogen ist, muss Liz feststellen: „You know what: this is the best day ever." Die beste mediale Erzählung ist folglich eine, die trotz Umwälzungen, Widerfährnissen und Unannehmlichkeiten, Euphorien und schönen Überraschungen sich stets identisch bleibt. Wer ruft hier: Monotoniedepression?

# The Tragically Suffering Me: Liz Lemon

**4**

Die Protagonistin leidet. Sie sucht, sie verzweifelt ob ihres Nichtfindens – und sie verzweifelt darob, was sie findet. Ihr Weg durch die Staffeln und Episoden ist ein Kreuzweg ohne Ende, überraschende Wendung, ohne Auferstehung. Mehr *Sysipha* als *Jesa*. Entsprechend werden andere Figuren immer wieder vornehmlich in Bezug auf diese Protagonistin, auf die tatsächliche Heldin erzählt – wie gebrochen und unwegsam deren Heldenreise auch sein mag. Sie ist es, die von befremdlichen Avancen, schmarotzerischen Beziehungspartnern, von falschen, überfordernden oder ebenfalls schmarotzerischen Freundinnen oder Freunden abgestoßen, angezogen, verwirrt, enttäuscht, dann doch beglückt und schlussendlich wieder gelangweilt sich zeigt. Gleiches gilt für Männer und Frauen ihres Berufslebens: sie ist es, deren Chef, deren Kollegen, Mitarbeiter, Assistenten oder Assistentinnen eine Aufgabe, eine Herausforderung, ein Hindernis auf ihrem Weg darstellen. Sie ist es, die durch deren Handlungen verunsichert oder bestärkt, verwirrt oder euphorisiert erscheint. Im Gegensatz zu Liz erscheinen andere Personen nahezu charakterlich stimmig – auch in abstrusesten Lebensweisen, Spintisiererein und Obsessionen, neurotischen Abhängigkeiten und Zwanghaftigkeiten.

Müsste für eine beeindruckende Protagonistin nun aber nicht genau das Gegenteil gelten? Müsste sie auf ihrer Heldenreise nicht unhinterfragt und stark, omnipotent erscheinen, omniszient und sich selbst immer wieder mit neuen Lösungsansätzen, Handlungsideen und Bastelvarianten überraschen? Würde solch eine Beschreibung aber dann nicht bestenfalls auf Jack Donaghy, ihren unhinterfragbaren Chef zutreffen? Auf diesen maßlosen Selbstreproduzierer und Selbstvergrößerer, Selbsterzähler und Selbstbegeisterten trifft diese Merkmalsmenge tatsächlich zu. Doch ist solch ein Charakterprofil im Erzählkontinuum von *30 Rock* nur als ironische und gallig-boshafte Zerstörung aller Darstellungen der *Voice of Authority* (Laurie Anderson) denkbar. Der Gestus, auch der gesamte Habitus, sowie der stimmliche Duktus eines solchen Totalhelden ist nicht vollständig überzeugend.

© Springer Fachmedien Wiesbaden 2016
H. Schulze, *American Progress,* Serienkulturen: Analyse – Kritik – Bedeutung,
DOI 10.1007/978-3-658-09135-4_4

Er überzeugt lediglich als Bühnenperformance (auf der medialen Bühne der Redaktionsflure und der Fernsehstudios, vielleicht noch der Verhandlungstische, der Chefsessel, der Suite zum Sexualabenteuer); doch scheitert er an ganz konkreten Lebensrealitäten: an der verstrickten Geschichte mit seiner Mutter (z. B. Episode S0306), seinem Bruder und ewigen Verlier Eddie Donaghy (Episode S01E17), seinen romantischen Partnerinnen/Fuckbuddies/Angebeteten (z. B. Episode S01E19). Er scheitert mindestens so oft wie Liz Lemon, wenn nicht öfter – doch diese durchlebt dieses Leid, durchzittert diese Niederlagen, sie treibt es durch ihren Kreuzweg hindurch. Ein Weg, der für Jack lediglich als Tour zum unaufhörlichen Aufstieg erscheint (mit kleineren Fehltritten, Ausrutschern).

Dieser Unterschied aber macht Liz tatsächlich zur Heldin. Überzeugende Helden einer Erzählung sind zunächst solche, die Widersprüche des Geschehens nicht schönzureden sich bemühen (wie Jack), sondern sie erleiden und aufzulösen versuchen, zu durchschlagen, zu durchstehen. Allein indem Liz also konfliktgeschüttelt sich zeigt und diese Widersprüche und Hindernisse meint, in sich allein austragen zu müssen, erst und allein dadurch wird sie zu einer Heldin im emphatischen Sinn. Sie macht sich selbst zur Bühne der Geschehnisse und Kämpfe. Doch welche Biografie hat sie angeblich hinter sich, wie wird ihr Handeln innerhalb der Serie als ein durch ihre Persönlichkeit geprägtes beschrieben und wie schreiben die Ereignisse, Verwicklungen und gescheiterten/erfüllten Hoffnungen in dieser Serie weiter an ihrer Biografie? Tina Fey präsentiert als Schlüsselepisode ihrer Arbeit an *30 Rock* eine Situation, in der ihre Kollegin Amy Poehler sich gegen Jimmy Fallon, einen Kollegen bei *Saturday Night Live* wandte, der ihr die komische Qualität einer Alberei ausreden wollte. Poehler antwortete mit dem Satz: „I don't fucking care if you like it."(Fey 2011, S. 143-146)

Dieser Satz wird so markant in ihrer Autobiographie erzählt und er wird von ihr selbst inszeniert als ein Kernsatz ihres Selbstverständnisses. Diese Selbstbeschreibung zudem, die Tina Fey in *Bossypants* verkündet, könnte tatsächlich umstandslos auch von ihrer Paraderolle Liz Lemon ausposaunt werden. Liz ist eine ländlich geborene New Yorkerin, fiebrig, nerdig, wie selbstverständlich selbstbezogen; leicht angewidert, aufgeregt, abgestoßen von zu großer menschlicher Nähe. Wohlig eingerollt und umhegt von ihren täglichen Wegen durch die Stadt, den Verkäufern, die ihr diverse Kaffees, Süßigkeiten und Zwischenmahlzeiten sowie Fast Food und abendliche *TV-dinner* verkaufen können (vgl. Abb. 4.1). Als entschieden allein lebende Großstadtperson, die diesen Lebensstil einerseits stets als persönliche und wohltuende Entscheidung jedem Fremden und Nicht-New Yorker anpreisen würde – bis hin zur existenziellen Selbstverteidigung; die aber andererseits allen ihren näheren Freundinnen und Freunden unaufhörlich die Mängel, Defizite, Nanoleiden und Mikrodepressionen ihres täglichen Lebens aufzählen, sich gemeinsam mit ih-

**Abb. 4.1** Blonde & Perfect Liz – S04E07– © NBC

nen daran weiden und sodann einem genussreichen Abend daheim (seltener: außer Haus) sich hingeben würde. Sie verkörpert die urbane, beruflich über alle Maßen belastungsfähige Junggesellin (gleich welchen Geschlechtes), deren vornehmliche Beschäftigung mit ihrem eigenen intimen Empfindungsleben vor allem der Sicherheit dient, diese Sicherheit der stabilen Leidens- und Trostwiederholung nicht verlassen zu müssen. Trotz allem trägt sie einen Habitus des *Been There – Done That* vor – hinter dem sich tatsächlich eine Sehnsucht nach dem versteckt, das noch nie getan, noch nie besucht wurde von ihr. Sie ist so dialektisch, selbstwidersprüchlich und auf diese Weise absurd ganzheitlich wie es eine Heldin des frühen 21. Jahrhunderts nur sein kann. Sie ist – tatsächlich – ein Rollenmodell, das Identifikation von vielen Seiten, Berufsbildern, Lebensweisen, Nationalkulturen und Geschlechterrollen erlaubt. Nicht der geringste Anspruch, den eine tragende Hauptfigur in einer Fernsehserie zu erfüllen hat.

Wie jede Hauptfigur, nicht nur in einer Fernsehserie, hat auch Liz einige Prüfungen zu ertragen. Die geringste ist dabei noch die Erfindung, Produktion, Probe und Aufführung der wöchentlichen Sendung – die ihr dennoch ein jedes Mal den letzten Nerv zu rauben scheint. Größer noch ist die Probe durch ihre Kolleginnen und Kollegen, deren private, ja intimste Lebensprobleme jeweils sie selbst als offizielle Ersatzmutter qua NBC-Amt mit ihnen zu lösen hat. Doch die größten Proben sind – wie könnte es für einen Held oder eine Held auch anders sein –, die Reihe der mutmaßlich romantischen Lebens- und Liebespartner, denen sie auf ihrem Weg begegnet (wobei auch Kollegen darunter sich finden, doch eher als eine doppelt gesteigerte Prüfung). Mit diesen Liebesversuchen unternimmt sie – teils nur wenige Dialogsätze andauernde – Mesalliancen: mit dem TGS-Produzenten

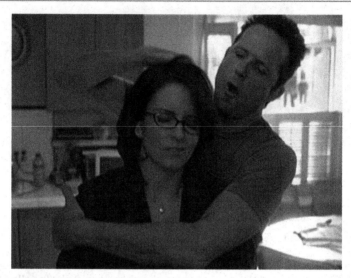

**Abb. 4.2** Liz & Dennis -S02E12 – © NBC

Pete Hornberger, mit ihrem verabscheuten Chef Jack Donaghy, ja mit ihrer Ju-
gendfreundin und passioniert selbstverblendeten TGS-Starschauspielerin Jenny
Maroney. Doch diese Minutenverknalltheiten belegen kaum mehr als die zumindest auch spielerisch vorhandene, erotisch-sexuelle Spannung, die sich zwangs-
läufig unter Menschen ergeben mag, die täglich miteinander umgehen, unter Kollegen, Freunden, gleich welcher Geschlechtsorientierung. Es sind Versehen, die
gleichwohl mögliche Biografien und Paarungen anzeigen. Im Übrigen aber lebt
Liz reichlich bezugslos zu den (aus ihrer Sicht auch weitgehend) geschlechtslosen
Drohnen des Autorenteams. Vermutlich eine gute Distanz des unmittelbaren Auf-
trag- und Arbeitgebers zu seinen ausführenden Organen.
    Bedeutsamer als diese kuriosen Missgriffe könnten nun ihre tatsächlichen Affä-
ren und romantischen Partnerschaften oder Partnerschaftsversuche scheinen. Doch
sie bleiben blass. Sei es Dennis (vgl. Abb. 4.2), mit dem sie (anfangs der 1. Staffel)
die typische On/Off-Beziehung führt, weder *with* nor *without you* scheinen sie ihr
Leben ertragen zu können. Es ist ihre Pantoffelbeziehung: man fühlt sich wohl
miteinander – empfindet aber einander weder als repräsentativ vorzeigbar noch
im heißesten Sinne erotisch und erregend; eher gemütlich eben. Das verstört nicht
nur die beiden Protagonisten dieser Beziehung selbst. Ähnliches scheint sie auch
bei anderen Affären wie Floyd (1. und 2. Staffel) oder dem Kinderarzt Drew (3.-5.
Staffel) zu suchen und zu finden; doch im Vergleich zu ihrer Arbeits-, Fernseh-,

Autorenteam- und Showkindergartenwelt bleiben diese freundlich-fürsorglichen jungen Männer unscheinbar. Ähnlich randständig wie in Serien umgekehrter Rollenverteilung nur die begleitenden weiblichen Alltagsbeziehungen und Affären. Hier sind es die männlichen Liebschaften, die schmückendes Beiwerk sind. Im Kern geht es der Protagonistin um ihren Beruf, ihre Myriaden täglicher Konflikte im Job und ihrer Selbstreflexion und Selbstverbesserung. Ganz wie wir es aus den Abenteuern passionierter Serienhelden männlichen Geschlechtes kennen, in denen weibliche Affären en passant vorüberziehen.

Das Frauenbild in *30 Rock* lässt sich damit (nicht nur für Liz Lemon, sondern ähnlich für die meisten anderen Frauenfiguren gültig) wie folgt zusammenfassen: Frauen erscheinen nahezu durchgängig als grund- und maßlos verunsicherte Zweiflerinnen, Glückssucherinnen und manische Selbstverbesserinnen, denen das eigene Handeln und Sein aus Prinzip und wenig begründet als ungenügend und mangelhaft erscheint. Diese innere Unsicherheit aber wird nahezu ebenso umfassend komplettiert von der zumindest äußerlich perfekt erscheinenden Selbststeuerung und Selbstgewissheit der sie umgebenden Männer (e.g. Jack, Tracy, selbst Kenneth) – selbst dann, wenn diese sich offensichtlich nur noch von Niederlage zu Scheitern zu Lächerlichkeit zu Katastrophe hangeln können. Eben diesen Männern jedoch scheint am Ende dann alles zu gelingen: wie von Zauberhand scheinen sie durch die Geschichten geführt zu werden – und am Ende von Geschichte und Berufsleben wundersam begünstigte, unheimliche Sieger zu sein: undurchdringlich, selbstgewiss, gewinnend, heimlich ihre Strippen ziehend. Als Hauptautorin der Serie gelingt es Fey damit, eine erzählerische Figurenasymmetrie, die aus tradierten Rollenklischees vertraut ist (die Herren hadernd, sich hinterfragend aber eitel fokussiert ihre Abenteuer bestehend – die Damen schmückendes, stets siegreiches, von Gewinnern eher eingestrichenes Beiwerk) auch in dieser Serie auf kuriose Weise zu erhalten – wenn auch mit umgekehrten Vorzeichen. Denn die dominante Erzählfigur, das machtvolle Erzählgeschlecht ist wie zuvor schon angedeutet nicht das, dem alles konfliktlos gelingt: sondern es braucht schon die unaufhörlich-selbstgefällige Beschäftigung nur und allein mit den eigenen Konflikten, Unsicherheiten und Fragen, um Dominanz herzustellen.

Anders gesagt: nicht, wer alles hinnimmt und geräuschlos Aufgaben erledigt, prägt eine soziale Situation wie bei *TGS* – sondern, wer sein eitles Hadern und Sich Hinterfragen ausstellt, damit herumschmiert und stolz sein Leid, seine Suche, seine Verzweiflung und seine Existenz zur Pflichtveranstaltung für alle Anwesenden werden lässt. Zwar gelingt dies etwa Tracy und auch Jack doch ebenfalls recht gut: diese Figuren gelten aber (anders als etwa Pete oder Kenneth oder Frank) innerhalb des Betriebes als unangemessen eitel. Es sind denn auch Frank, Kenneth und Pete, die die tatsächliche, die ehedem als weiblich konnotierte Arbeit der *maintenance*

**Abb. 4.3**  Liz in her Office – S04E02– © NBC

verrichten: des schieren Aufrechterhalten des Betriebes (vgl. Abb. 4.3). Selbst dies aber übernimmt, als allnährende Mutter des Erzählkosmos, Liz noch selbst. Denn am Ende – hierin wieder ganz offensichtliche Repräsentantin der Omnipotenz-phantasie ihrer Autorin – ist sie es, die für das Gelingen jeder Sendung und des gesamten Betriebsalltages sorgt. Ein in vielen Fällen somit durchaus realistisches Geschlechterbild zu Beginn des 21. Jahrhunderts. Ein *American Progress* ist hier tatsächlich zu beobachten und zu bewundern.

# SeinfeldVision (S02E01): Die Tektonik der Medien

Nach Ende der Sommerpause (nicht nur von *TGS*, auch von *30 Rock*) betritt die Redaktionsleiterin die Produktionsstudios. Wie es sich gehört, erkundigt Lemon sich bei jedem – mit einem höchst sortierten und gut frisierten Lächeln – wie der Sommer gewesen sei. Dies geht solange gut, bis sie in ihren Vorgesetzten Jack Donaghy stolpert und ihn mit vorsätzlicher Ankumpelei, *Hey, buddy!* für sich einnehmen will. Konspirativ-professionell zieht er sie hinter eine Doppelstahltür: dort erzählt er ihr vom produktivsten Sommer seines Lebens – und beichtet ihr auch, dass niemand im Konzern von seinem Herzinfarkt weiß. Und fasziniert berichtet er von den Lückenbüßersendungen des vergangenen Sommers („*MILF Island:* 25 super hot moms, 50 eighth grade boys – no rules!"; vgl. Abb. 5.1) und bekommt von seinem servilen Assistenten einen Stapel mit Werbefilmen für *SeinfeldVision* gereicht: eine digital generierte Persona des Schauspielers Jerry Seinfeld – Hauptautor und Titelfigur der NBC-Sitcom *Seinfeld* aus den 1990er Jahren – soll im kommenden November in allen Sendungen zur Hauptsendezeit einen Gastauftritt haben. Jerry Seinfeld weiß nichts davon. Er weilt gerade in Europa und Jack setzt darauf, dass er nach seiner Rückkehr dem Riesenerfolg von *SeinfeldVision* kaum etwas entgegenzusetzen haben wird. Die mediale Persona Seinfelds wird eingesetzt als entkörperte und klischierte Charaktermaske: ein Avatar.

Liz Lemon ist nicht überzeugt. Doch berichtet sie ebenso begeistert von ihrer Yoga-, Quilt- und Flipflop-Selbstdisziplinierung im Sommer. Ein weiterer Versuch ihrer Selbstverbesserung, eines neuen Lebensanfangs. Sie gesteht aber auch, dass ihr jüngster Versuch einer Fernbeziehung (mit Floyd) von beiden wegen Aussichtslosigkeit einvernehmlich abgebrochen worden war. Jack ist von alledem wiederum nicht überzeugt: „Lemon, women your age are more likely to get mauled at the zoo than get married." Dann beginnt der Vorspann.

Aus dem Sommer bringt auch Tracy etwas mit: seine Frau hat ihn aus der gemeinsamen Wohnung geschmissen – mit seinen glasgerahmten Witzpostern und

© Springer Fachmedien Wiesbaden 2016
H. Schulze, *American Progress,* Serienkulturen: Analyse – Kritik – Bedeutung,
DOI 10.1007/978-3-658-09135-4_5

einem Käfigvogel zieht er nun in die Studios von *TGS*. Seine Frau Angie war empört, er würde es mit prostituierten Transvestiten treiben, doch seine Entourage
versichert, dass Tracy die Prostituierte doch nur überzeugen wollte, eine IT-Fort-
bildung zu beginnen. Die größte Empörung löste all dies aber bei seiner Frau aus,
als ein Foto hiervon in der Yellow Press landete: fälschlich jedoch ein Foto von
Tracy mit seiner Gattin. Dies gab ihr den Rest (an Stripclub-/Puff-Eskapaden hat
sie sich gewöhnt). In seiner neuen Existenz erweist sich Tracy als vollständig hilf-
los: unfähig zu simpelsten Tätigkeiten: Wer soll seine Banküberweisungen tätigen?
Wer seine Blogposts schreiben? Vor allem: Wer bereitet jeden Mittwoch die Tacos
für seine Entourage? Als passionierte Troubleshooterin bittet Liz den Pagen, Kenneth Parcell, alle – wie sie ausdrücklich betont – *nicht-sexuellen* Dienstleistungen
zu übernehmen, die Angie sonst übernommen hätte. Tracy ist gerührt. Kenneth
wird seine Bürogattin: „My office wife!" Zartfühlend platziert er einen Ring in
die gefalteten Hände des gläubigen Fauns. Er soll ihn (ein weiterer Fall komödiantischer Akrobatik) umgehend im Pfandhaus versetzen, um eine standesgemäße
Spielekonsole für sein neues Zuhause zu erwerben. Kenneth bekennt: *Ja!, Tau-
sendmal ja!* – exaltiert wie nur ein closet gay am Höhepunkt ersehnt-katholischer
Heiratsliturgie.

Am Ende dieser knapp fünf Minuten sind etliche Erzählungen begonnen und
das mediale Gefüge rund um *30 Rock* und *TGS (With Tracy Jordan!)* neu errichtet und sichtbar: Die Ambitionen und Selbstwidersprüche, die Lebenslügen und
Charaktermasken von Liz, Jack, Tracy und Kenneth liegen vor uns – ergänzt um
ein Spiel mit der medialen Erzählung um Jerry Seinfeld, der nun Teil dieses Ge-
füges sein soll. Dieser Konflikt bringt die *Commedia dell'arte*, das Possenspiel
der Berufsschauspieler, die ihre medialen Charaktermasken zeigen, in Bewegung.
Die Bauform von *30 Rock*, seine Tektonik ist erneut errichtet. Kann das gutgehen?
Natürlich nicht (warum auch?).

Die Bauform der Serie, ihre *Tektonik* – im Allgemeinen wie im Besonderen – ist der erste Erzählstoff dieser Serie. *30 Rock* bezieht sich vor allem auf sich selbst und auf alle Referenzen, die durch die auftretenden Schauspielerinnen, Schauspieler, ihre Rollenklischees sowie das reflektierte Sendeformat der wöchentlichen Comedyshow entsteht. Die Fernsehserie untersucht das Format dieser Fernsehserie. Hierzu ist sie nur vordergründig schlecht geeignet. Wäre eine akademische Studie, etwa zur Zuschauerforschung oder Genregeschichte, zur zeitgeschichtlichen Bedeutung nicht vielversprechender? Im Gegenteil. Derartige Zugänge von außen könnten das Sendeformat kaum in seiner Dichte, Verstricktheit und Verwobenheit, in der situativ hochangespannten Erregung begreifen. Der vorliegende Band kann darum auch nur als eine Annäherung an die hochgeschwinde Überkomplexität dieser Serie sein. *30 Rock* führt darum zum einen das Format der Late Show anhand zugespitzter Produktionssituationen vor – und reflektiert dies zugleich anhand der jeweiligen Episode. Die Bauform der Serie *30 Rock* ist darum aufgrund ihres grundlegenden Bezugs zu *TGS* unaufhörlich im Umbau. Selbstzerstörung, Selbstuntersuchung, Selbstwiederaufbau. Wie geschieht dies also in der Episode *Seinfeld Vision*?

Die Tektonik der Serie *TGS* wird zunächst – wie in jeder Episode – zugrunde gelegt. Alle Konflikte, Umwege, Unstimmigkeiten, Streitereien und Verwegenheiten verdeutlichen lediglich, wie weit das Format dieser Comedyshow sich auseinanderreißen lässt – und wie weit auseinandergerissen es schließlich doch (vergleichsweise reibungslos) abläuft und beim (Studio-)Publikum seine Wirkung zeigt. In dieser Episode entsteht der Belastungstest durch *Seinfeld Vision*: Kann es Liz Lemon gelingen, trotz eines derart absurden Handycaps (Einbindung von Jerry Seinfeld inkl. der angelegten Konflikte) diese Show zu produzieren? Anfangs sieht es aus wie ein nur spielerisches Ausreizen des Formats.

Jenny Maroney etwa ergeht sich in ihrer Verblendung, ihr Auftritt beim 1988-Trashfilm-Musical *Mystic Pizza!* wäre ein großer Broadwaybühnendurchbruch – während Liz vor allem erkennt, wie aufgequollen sie nach vier Stücken Pizza je Aufführung aussieht. Das Autorenteam begrüßt Jenna als *Mister Michelin Bibendum*. Nachdem das Team auch noch (ganz gefühllos wie die Figuren einer Commedia dell'arte: Arlecchino und Brighella, Pagliaccio und Colombina) belegt, wie wenig sie an Liz' Beziehungsleben Anteil haben, ergeht folgender Auftrag: *50 Ideen von jedem – bis morgen!* Und die bekannte Praktikantin in Minirock und langen blonden Haaren lädt sie und Jenna schließlich auch noch als Brautjungfern ein: „Oh great! Now I have my something old!" Kenneth müht sich ab, Tracy zu umsorgen – der all dies vergrätzt ablehnt – doch trifft er just Jerry Seinfeld im Aufzug, der mit Jack ein Hühnchen zu rupfen habe. Kenneth verbringt die langen Minuten mit Seinfeld breit und wie erstarrt grinsend, gelegentlich das musikali-

**Abb. 5.2** Jerry & Kenneth – S02E01 – © NBC

sche Seinfeld-Pointen-Signal lautlich imitierend (vgl. Abb. 5.2). Liz kauft mit der
Praktikantin deren Brautkleid und noch während sie selbst es für diese probeträgt,
wird sie zurückbeordert, um Jerry Seinfeld durch eine Studioführung von der Konfrontation mit Jack tunlichst abzuhalten. Die Gerüste von *Seinfeld* und von *30 Rock*
geraten in Handlungsführung der Personae immer näher aneinander. Eine Format-
verquickung hat spätestens mit Kenneth's nachahmender Bewunderung begonnen.

Der desillusionierte Humor von Liz erscheint plötzlich wie aus *Seinfeld* ent-
sprungen. Jerry konfrontiert schließlich Jack am Lift, Liz kontaktiert ihren vermeintlich längst überwundenen letzten Freund (und ist empört als dieser schon
eine neue hat), während Jenna danebensitzt und Riesenpizzastücke vertilgt. Die
Katastrophe nimmt ihren Lauf. Die Figuren erfüllen ihre komische Mission. Die
tragenden Mauern wackeln. Ein Herrengespräch mit harten Bandagen führt aber zu
keiner Klärung: Jerrys Drohung, NBC einfach aufzukaufen – Jacks Ermahnung, er
hätte ihn doch vor einem Hai gerettet.

Liz führt schließlich auch hier die Klärung herbei: sie kauft zunächst ihr Brautkleid (während eine Blondine es anprobiert); sie berät Jack in der Auswahl des besten
seiner 70 *SeinfeldVision*-Szenarios (u. a.: Liz verführt Jerry; Jerry töten; Jerry und
sich selbst töten) – während sie ihr neues Brautkleid innig an sich drückt vor dem
Spiegel. In diesem Brautkleid gibt sie Seinfeld endlich eine weitere NBC-Tour und
bricht in Tränen aus, ihren letzten Freund hat sie kaum überwunden (vgl. Abb. 5.3).
Jerry tröstet sie, dann kehrt er zurück zu Jack: die letzte Verhandlungsrunde ist ein-

**Abb. 5.3**  Liz & Jerry – S02E01 – © NBC

geläutet. Millionen Dollar, Werbezeit und Spenden an wohltätige Stiftungen werden hin und her geschoben. Am Ende nennt Jerry ihm sogar den Namen eines mysteriös-luxuriösen, osteuropäischen Urlaubslands. *30 Rock* ist nun *Seinfeld.* Die Tektonik der neuen Comedyserie wurde von der älteren übernommen. Jack bricht zusammen: er hat das Gegenteil von dem erreicht, was er sich erhofft hatte.

Jack Donaghy hielt es für einen cleveren Schachzug, den stagnierenden Programmerfolg von NBC hinterrücks zu beschleunigen, indem er den Altstar Seinfeld darin einbettete: jede aktuelle (sogar noch die erfolgsloseste) Sendung sollte davon profitieren. Nun muss er sich – canz Commedia dell'arte-gemäß – zum Büttel Jerry Seinfelds machen ohne substanzielle Gegenleistung. NBC wurde von Seinfeld über den Tisch gezogen. *30 Rock* dagegen gelang es allein dadurch tatsächlich, sich *Seinfeld* einzuverleiben. Eine Formataneignung oder zumindest -usurpation wird *30 Rock* im Laufe seiner sieben Staffeln öfter durchmachen. Sie werden diese Serie prägen. Die Tektonik von *30 Rock* beweist genau in dieser Plastizität ihre beeindruckende Virtuosität. Vor allem aber die Schauspielerinnen und Schauspieler sowie die Hauptautorin Tina Fey beweist ihre virtuose Berufsschauspielkunst.

Liz kauert am Ende auf der Holzbühne ihrer Show, in ihrem glitzernden Brautkleid; in den Ruinen der Showbauten. Desillusionierter als je eine *Seinfeld*-Figur futtert sie frustriert (wie zuvor noch ihre Freundin Jenna) aus zwei Aluschalen ihr Mittagessen. Tracy kommt vorbei und tröstet sie, dass ihre Hoffnung zu heiraten keineswegs das Gelbe vom Ei sei: sogar seine Büroehe mit Kenneth, so ideal von außen, sei ein hartes Stück Arbeit. Jack tritt hinzu und bestärkt sie mit seinen gängigen Persönlichkeitsbildungs- und Selbstermächtigungs-Phrasen. Er reicht ihr die Hand, hält ihr die Speckschüssel („I like the ham!" interveniert sie), nimmt ihre Schleppe (Liz: „A 4000 Dollar ham-napkin.") und führt sie aus dem Studio. Die Sendung wurde nicht produziert. In dieser Folge erleben wir Liz genau nicht als siegreiche Chefautorin, über Fährnisse hinweg. Sie ist gescheitert. Ihr Scheitern wird kaum bemäntelt, nur vom patriarchalen Beschwichtigungsgestus Jacks scheinbar abgerundet: ein komödiantischer Taschenspielertrick. Liz lässt sich darauf ein; ein Schmerzmittel, um all dies zu ertragen. Jack allerdings ist ebenfalls gescheitert – und weitaus drastischer als Liz. Es ist ihm nicht gelungen, Jerry zu überzeugen. Er konnte kein Angebot machen, dass dieser annehmen wollte. Er hat diese Verhandlungs- und Kampfsituation nicht gemeistert. Eine Niederlage, die von unausdenklicher Größe ist bei einem Mann, der seine gesamte Existenz auf der Fähigkeit zu siegreichen Berufs- und Privatlebensverhandlungen aufgebaut hat. Er ist nur noch Hülle seiner selbst in aller väterlich-fürsorglichen Beschwichtigung.

Der Bogen, der in dieser markanten Episode geschlagen wird, ist einer, der die mediale Tektonik von *30 Rock* und der Late Show-Comedy schlechthin vorführt anhand ihrer Konfrontation mit einem befremdlichen Großonkel wie *Seinfeld*. Eine *Tektonik der Medien* entfaltet sich erst in einer konkret dargestellten und handelnd geprägten Situation: sie besteht zunächst nur aus einer Folge von sprachlich, bildlich, handelnd, klanglich und sensorisch ausführbaren und bestenfalls wiederholbaren Äußerungen (ausführlicher: Schulze 2012, S. 195–259). Diese Situation aus Äußerungen bildet die *mediale Bühne* (vgl. Kap. 7) durch die eine mediale Tektonik vor Ort entsteht: in Körper und Handeln all derer, die sich da äußern, abhängig von seiner Erfahrung als mediale Handlungsträger oder ihrer Fähigkeit, möglichen Widerhall in Leserinnen, Zuschauern oder Hörerinnen zu erahnen. Spannungsgebilde in einer medialen Persona. Tina Fey und ihre Schauspieler, das gesamte Produktionsteam und zugleich Liz Lemon und ihre Schauspieler, das gesamte Produktionsteam errichten jeweils die mediale Tektonik von *30 Rock* bzw. *TGS*. Diese Tektonik ist nicht festkörperlich. Sie entsteht, indem vielfältige Handlungs- und Äußerungsmöglichkeiten sich in der Aufmerksamkeit auf Handlungen und Äußerungen eines einzelnen Handelnden bündeln und sammeln.

Dieses Spannungsgebilde können wir als handelnd oder zuschauend Teilhabende dann materiell empfinden. Wir erkennen körperlich, ob eine Tektonik überzeugend zwischen den Akteurinnen und Akteuren durch ihre Personae errichtet wurde oder nicht; ob sie in sich zusammenfällt und die Spannung entweicht – oder ob eine Transformation sich ereignet, wie eben durch die Hereinnahme der Persona und Erzählung um Jerry Seinfeld. Die mediale Tektonik einer Situation – etwa in den Episoden von *30 Rock* – ist leiblich erfahrbar, sodass ihre Imaginarien aus Bedeutungen und Werten, Zielen und Antrieben uns begleiten. Wir können dann

die medialen Erzählungen der einzelnen Handlungsträger, der medialen Personae
wiedergeben. Sie beschäftigen uns auch außerhalb dieses medialen Artefakts.
Öffentliches und gesellschaftliches Leben in Gesellschaften übermittlungs-
technischer Verfeinerung vollzieht sich kaum anders als auf solchen, vermitteln-
den Bühnen wie durch übermittelnde Erzählungen. Selbst dann, wenn ich mich
in einer vermeintlich einzelgängerisch oder sonderlingshaft gesonnenen Unter-,
Neben- und Teilgemeinschaft bewege. Die Tektonik, die mediale Bauform eines
medialen Artefaktes wie *30 Rock* ist darum nicht allgemein und unabhängig von
bestimmten Traditionen, historischen und gegenwärtigen Akteuren und Reprä-
sentationen sowie deren charakteristischen Handlungsformen und Artefakten be-
schreibbar. Die Tektonik von *30 Rock* entfaltet sich genau in diesem Aufbauen
und Zusammenbrechen seiner einzelnen Episoden. Nicht nur wird die Bauform
einer einzelnen Comedyshow auseinandergefaltet: die Tektonik des gesamten US-
Kabelfernsehshowreferenzsystems wird erkundet und ausgelotet, aktuell und historisch. Der nichtlizenzierte Avatar von Jerry Seinfeld fungiert hierbei als mediale
Persona, die Sendeformate durchmischt und deren Rückbezug auf das Fernsehen
der 1990er belegt: *Ohne Seinfeld wäret Ihr nichts – doch neben Seinfeld verblasst
Ihr.* Die kaltschnäuzige Übernahme und Steuerung von Seinfeld durch Jack und
NBC entstellt diesen Medienkonzern bis zur Kenntlichkeit: Selbstverständlich ist
nicht die bestmögliche Unterhaltung und womöglich Bildung seiner Zuschauer
oder Kundinnen das höchst Ziel; sondern, ganz nach ökonomistischem Credo, die
größtmögliche Auswertung bestehender Ressourcen und Kapitalien – ohne neue
substanzielle Investitionen. Der Programmmacher als Medienleichenschänder, als
Witwenbetrüger. Der alljährliche Fernsehherbst, die Hochzeit der neuen Ideen und
großen Neuanfänge in der TV-Programmierung, ist darum nicht nur im Leben von
Liz nur eine perfide Bemäntelung der Stagnation, des hochdynamischen Nichtfort-
schrittes. American Progress? Hier zeigt er sich vor allem im Selbstbeharren der
Institution Fernsehen, ihrer Genrevorlieben und ihrer Verdienstbehauptungen. Die
Weiterentwicklung und Neuerfindung bestehender Geschäftsmodelle erscheint als
das nobelste Ziel: hierin gelingt Fortschritt, zweifellos.

# The Truckercaps of Frank Rossitano

**6**

Täglich trägt er die gleichen Truckercaps (vgl. Abb. 6.1). Täglich trägt er dieselbe enttäuscht-unbeeindruckte Miene. Er weiß, dass sein Leben die engen Bahnen kaum mehr verlassen wird, die er ihm bislang bereitete. Er ist der Archinerd, der urschrullige, in sich vergrabene Videospielfetischist, der nie die 8-Bit-Ästhetik der 1980er Jahre wirklich verlassen hat. TIME TRAVEL AGENT (S01E16). Er lebt in C64-Sprites und 8-Zoll Disketten, in Soundchips und BASIC. HIGH SCORE (S01E12). Das ist seine Welt – noch dreißig Jahre später, im frühen 21. Jahrhundert. KILL SCREEN (S02E01).

Frank Rossitano ist einer der Autoren im Team von *TGS (With Tracy Jordan!)*. Er tut hier mutmaßlich genau das, was er am besten kann: in Mütze, kaum geduscht und mit ausgetragenen und abgehangenen Kleidern an einem Tisch sitzen und mit anderen Kumpels sich Witze ausdenken, irre Szenerien, verstörende *pranks*. Nerdkultur at its best? Das hat er schon immer gemacht. Das wird er wohl für immer machen. Die Welt ist ein Herrenkneipenabend. BEEF N BEAN (S01E10). DOUBLE CHEESE (S01E03). TACO ROBOT (S07E12). Dieser Kneipenabend findet unausgesprochen und unausgesetzt über seiner Stirn statt: in den Phrasen und Witzen, die seine Mützen übergroß schmücken. In so großen Buchstaben, dass jede Konversation, jede persönliche, verzweifelte Krise (sei es von ihm, sei es von Liz oder anderen) auf oft peinigende Weise dadurch kommentiert oder davon ablenkt wird. Er ist der lebende *comic relief*. INAPPROPRIATE (S07E08) – auch in diesem Kap. 6, durch eingestreute Mützenphrasen: CODE BREAKER (S05E16).

Der Selbstbezug der gesamten Serie (*TGS & 30 Rock*) findet wie im vorigen Kapitel gezeigt nicht ausschließlich auf Franks Mützen statt. Jede einzelne Person der Serie wie auch das gesamte Seriensetting ist selbstbezüglich, teils offen, teils verdeckt. Dies gilt nicht nur für den Fernsehsender NBC (in der Serie unter dem Namen: *NBC*), der außerhalb der Serie tatsächlich von *Comcast* gekauft wurde (in der Serie: *Kabletown*); dies gilt umso mehr für die Protagonistinnen und Prot-

© Springer Fachmedien Wiesbaden 2016
H. Schulze, *American Progress*, Serienkulturen: Analyse – Kritik – Bedeutung,
DOI 10.1007/978-3-658-09135-4_6

**Abb. 6.1** The First 30 Rock-Hat: NINJA EXPERT – S01E01 – © NBC

agonisten. So auch für die Figur des Frank Rossitano. Es ist der Comedian Judah
Friedlander, der diese Persona darstellt. Friedlander hat seine eigene Karriere mit
verschiedenen, erst kleineren, dann immer größeren Filmen und Serienepisoden
gemacht und diese Truckermützen mit markanten Zeichenfolgen als sein großes
Markenzeichen etabliert. In der Serie stellt er nun einen Autor-Comedian dar, der
ursprünglich in dritter Generation Rechtsanwalt werden wollte und sollte. Es wäre
unangemessen nur von einer Rolle zu sprechen, die Friedlander spielt. Vielmehr
ist Friedlander eher der Wirt, von dem seine Figur sich parasitär nährt. Diese Er-
nährung beginnt nicht erst bei Punchlines und Witzen, bei Rollencharakteristika
und Habitusformen – sie reicht bis hin zur erschlagenden Fülle der von Friedlander
(laut Pressemappe) selbst verfertigten Lastkraftwagenfahrerkappen. SITTING
OVATION (S05E21)

Solche Mützen treiben die hohe Kunst der Oberbekleidungssemiotik und ihren
Objekthumor weit über den bekannten Standard in Comedy-Serien hinaus; weit,
bis hin zum emblemhaften Humor, den etwa die *Rumpfkluft* (Goldt und Rattelschneck 2004) von Max Goldt und Rattelschneck im deutschen Sprachraum sa-
lonfähig gemacht haben. Bei Goldt und Rattelschneck sehen wir etwa das Bild
eines stilisiert in dicken, roten Umrissen gezeichneten Nilpferds in Verbindung mit
der kunstvollen Typografie des Satzes: *„Ja, das ist so. Akzeptieren sie's einfach."*
(http://www.katzundgoldt.de/ru_dasistso.htm); wir sehen ein grünes Quadrat auf
schwarzem Untergrund, an das rechts ein weißer Schwan anschließt in Verbindung
mit dem kunstvoll gesetzten Satz: *„Grünes Quadrat mit Schwan"* (http://www.
katzundgoldt.de/ru_schwan.htm); wir sehen das Bild eines stilisiert in deckendem
Weiß gezeichneten, langbärtigen Mannes, der sich grellgrüne Vögel an beide Oh-
ren drückt, verbunden mit dem Satz: „Gott hat Heimweh nach Nutten" (http://
www.katzundgoldt.de/ru_gott.htm). Friedlanders Mützensprüche erinnern an die-

**Abb. 6.2** The Only Hat Without Frank: PANIC DREAM – S07E11 – © NBC

se Wort-Bild-Burlesken – doch ebenso auch an die aleatorische T-Shirt-Druckerei
*Zufallsshirt*, die Kathrin Passig ins programmierte Leben gerufen hatte: *So Monate
am Stück gereift – KAFFE ESATZ IMPORT – Bärtierchen wandeln dort am Hügel,
blicken in die Nacht empor* (Passig 2011).

Besteht Frank Rossitano womöglich gänzlich aus Kopfbedeckungen? Würde
der Serie etwas fehlen, würden wir Frank vollständig ersetzen durch eine Mützen-
transportpuppe (vgl. Abb. 6.2)? Entfernen wir doch für ein kürzeres Gedankenspiel
– DELETE (S04E11) – seine Figur digital aus den Videofiles der Serie und lassen
wir seine Mützen auf einem etwas undefinierbaren Körper sich durch die Studio-
räume des *GE Buildings* bewegen. Wir erleben keine maßgebliche Veränderung
der Handlungsstränge. Die Dialoge zwischen Liz, Jack, Tracy und Jenna laufen
wie gehabt, LIZ ROCKS (S01E17); auch Kenneth und andere Autorenkollegen
führen ihre Handlungen wie gehabt aus. Vielleicht bemerken wir nach einigen
Folgen, dass die nasal-verschleimten, nölig-zwangshumorigen Einwürfe des einen
fehlen, dieses einen Autors, wie hieß er noch? Fehlen sie uns aber? Sie fehlen uns
nicht wirklich. Mehr bilden sie einen Hintergrund der Serie, ein Rauschen und
Simmern, ein Wimmern und Nörgeln, Witzeln und Brummeln, das nicht überflüs-
sig ist, im Gegenteil. Der Grund aus marginalen Dialogen unter den Autoren, den
Kameraleuten, unter Passanten oder Mitbewohnern, all diese vielen, hinreichend
ausgefeilten Kurzwortwechsel und Ministatements (inklusive figurzeichnenden
Erratika), sie bereiten das Soziotop, in dem den Protagonisten von *30 Rock* überhaupt zu handeln erlaubt ist. Genauer: Sie halten das Soziotop der Fernsehproduktion am Leben, das den Protagonisten immer wieder abzwingt, in Krisen- und
Ekstase-Situationen zu agieren im emphatischen Sinne: beherzt, außergewöhnlich
und mit dem Willen, über den eigenen, so übergroß inszenierten Schatten zu sprin-

gen. Darin erst kommt ihre Akrobatik des Komischen zur vollen Geltung – und all ihre Bezüge zur Nerdkultur.

Die mustergültige Ersetzbarkeit einer Nebenfigur wie Frank Rossitano ist ihre beste Eigenschaft. Wäre sie zu groß, zu raum- und episodenfüllend entworfen, nähme sie den tatsächlichen Handlungsträgern alle Möglichkeit eindrucksvoll zu agieren; wäre sie zu verschwindend klein, bliebe unbemerkt als eigenständige Figur und verlöre jede Überzeugungskraft, tatsächlich Akteur (wenn auch ein geringer) im Kosmos der Serie zu sein. Nebenfiguren wie Frank gewinnen ihre Größe gerade in ihrer exakt bemessenen Kleinheit, die durchzuhalten kein Geringes ist. Der Respekt von Schauspiel- und Autorenkollegen gegenüber solchen Hintergrund- mehr noch als Nebendarstellern ist darum groß: es sind diese Figuren, die – wenn sie gut geschrieben, inszeniert und dargestellt werden – die szenische Fülle und Dichte der Figurenkonstellation einer Fernsehserie erst begründen. Eine dünne, schlechter und lustloser, weniger passioniert entwickelte und produzierte Serie würde schnell und gerne auf diese kleinsten Figuren und deren Durcharbeitung verzichten (wie öfter bei Serienversuchen im deutschsprachigen Raum zu beobachten). Der Reichtum, die große Lust und faszinierte Begeisterung aber entsteht erst durch die Fülle der – wie Frank Rossitano – mit viel Liebe zum Mikrodetail ausgeschriebenen Figuren, Szenen, Szenerien, Wortwechseln und Hintergrund-, wie Nebenhandlungen. Das Mindere ist eine Aufgabe.

Durch Frank – und das begründet die Intensität seiner Figurenzeichnung – gelangt der gesamte Wissensbestand, die Lebensweisen und Habitusformen der *Nerd Culture* in die Episoden von *30 Rock:* nicht allein als Anekdote, Referenz oder Accessoire einzelner Figuren (wie bei Liz, in Teilen des Autorenteams, auch bei Kenneth oder Tracy, ex negativo bei Jenna und Jack) – sondern in einer möglichst intensiven und sortenreinen Verkörperung. Frank ist das Nerdextrem der Serie. Frank Rossitano ist das Gegenstück etwa zu Sheldon Cooper (*Big Bang Theory,* 10 Staffeln, seit 2007) oder Moss (*The IT-Crowd,* 4 Staffeln, 2006–2013). Alle drei Figuren verbindet, dass sie ihr Nerdbegehren in Richtung auf möglichst detailgenaue Wissensaneignung, Wissensanwendung und überraschende Verknüpfungen ihres Wissens bis zum soziopathischen und selbstbehindernden Exzess ausleben. Sie unterscheidet jedoch, dass Frank in *30 Rock* sich nicht nur unter Gleichgesinnten oder unter Ganz Anderen aufhält – sondern sich ebenso auch unter Nerds wiederfindet, die ihr Nerdbegehren ganz anders ausleben: Liz, verschiedene (fast namenlose) Autoren des Teams, Pete Hornberger oder selbst Kenneth sind – in je unterschiedlicher Ausprägung und Stärke – als Nerds ihrer Existenz anzusehen. In *Big Bang Theory* und in *The IT-Crowd* stehen Sheldon Cooper oder Moss jeweils nur für die radikalsten Exemplare des Computernerds unter ihren Mitbewohnern beziehungsweise Arbeitskollegen. Frank Rossitano aber ist nicht viel mehr Nerd als einige der anderen erwähnten Protagonisten von *30 Rock*. Er ist aber sicherlich derjenige, der sein Nerdtum am offensivsten im Habitus sowie im antisozialen Rückzug auslebt. Zugleich ist er derjenige, der offensichtlich am stärksten unter diesem zurückgezogenen Informationssolipsismus leidet, sich bemitleidet und dies nicht im Geringsten verhehlen möchte. In nahezu jeder Episode geschieht es, dass er en passant seine eigene deprimierte Existenz zwischen leeren Pizzakartons und unaufhörlicher Pornographiemasturbation erwähnt und darauf verweist, welch ein faktisch ereignisloses, beziehungsloses, unattraktives und kaum begehrenswertes Leben er doch führt. Die Enttäuschung über das eigene, deprimierende Leben ist bei Frank (sowohl im Vergleich zu seinen Serienpartnern als auch zu Sheldon oder Moss) am stärksten ausgeprägt. In diesem Sinne ist Frank ein zweifelnder Nerd.

Übertroffen wird Frank, wie angedeutet, in diesen Selbstzweifeln aufgrund Alltagsenttäuschung lediglich durch Liz selbst. Sie ist es, die – wie erwähnt für die Hauptfigur einer Serie oder einem Film üblich – ein unausdenklich komplexes Seelen-, Empfindungs- und Erfahrungsleben besitzt: ihr ist es darum erlaubt auch selbstwidersprüchlich zu agieren, neue Verhaltensweisen an- und auszuprobieren sowie neue Erfahrungsfelder dann doch wieder zu verwerfen oder nur partiell sich anzueignen. Nebenfiguren wie Frank dagegen – auch dies serientypisch – werden von ihren Autoren, Regisseuren und Produzenten weitgehend dazu angehalten, sich konsistent rollenkonform zu verhalten; und selbst überraschende Eigenschaften im Nachhinein doch rationalisierend in den Erzählkosmos dieser Figur (Biografie, außerordentliche Erlebnisse, verborgene Obsessionen, verheimlichte Doppelleben) einzubetten. Die Commedia dell'arte ist hier am stärksten ausgeprägt, da eine Entwicklung von Charaktermasken schlicht absurd wäre. Pagliaccio muss Pagliaccio bleiben; Dottore muss Dottore bleiben. Sie wiederzuerkennen (etwa als Nerd-Pagliaccio) und sie in überraschenden Spielvarianten zu erleben, ist unser Genuss als Zuschauerinnen und Zuschauer. Genau in dieser Hinsicht aber verlässt *30 Rock* immer wieder erstaunlich extrem die Genregepflogenheiten, indem nahezu jeder Figur – auch den abseitigen, nebensächlichsten – selektiv Brüche gestatten werden, die punktuell aber eben geschlossen werden: Frank will wieder zu seinen Wurzeln zurück und Anwalt werden – Frank datet wieder eine ehemalige Schullehrerin – Frank hat Sex mit Jenna. Die Pop- und Fernsehkultur von *30 Rock* operiert genau in diesen Charaktermasken, die mediale Commedia dell'arte bildet den Horizont und den Referenzkosmos des Erzählens (vgl. Abb. 6.3).

**Abb. 6.3**  The Last 30 Rock-Hat: PERIOD – S07E13 – © NBC

# Christmas Special (S03E06) & Live Show (S05E04): Die mediale Bühne

7

Wir sehen den Vorplatz des Rockefeller Centers. Wonniglich eingeschneit, Bürgerinnen eingemummelt, die Herren elegant oder sportiv gewandet. Grüne, rote und weiße Flaggen flattern stattlich im Hintergrund, die Bürger genießen das Gleiten auf der Eisfläche, die hier ausgebreitet wurde. Die Musik zu diesem Auftakt gleitet wienerisch (vgl. Abb. 7.1).

Durch die Tür zum Autorenschreibraum kommt Liz, hochgestimmt und gleichfalls nahezu festlich gewandt (im Rahmen ihrer Fernsehredakteurinnenarbeitskleidung) und verkündet bewegt: „Merry almost Christmas everybody!" Sie fragt alle offensiv rhetorisch, welch neue großartige Unterstützung ihrer alle Sendung nun wohl erhält? Die Autoren rufen selbstsüchtig-profane Details (bunte Pullis oder TK-Steaks); worum es Liz aber geht: die Autoren des Teams dürfen das Projekt *Letters to Santa* unterstützen. Alle sind angeekelt, enttäuscht, bestenfalls boshaft und sarkastisch. Das Team darf armen Kindern die Geschenke kaufen, die diese sich wünschen – doch Truckercap-Frank wendet ein: sie hätten doch schon ihren Teil geleistet, indem sie ihrer Koautorin Sue endlich einen stabilen BH gekauft hätten – den diese sodann auch umgehend stolz unter ihrem fix angehobenen Wollpullover vorzeigt. Allumfassender Jubel. Sue haben wir nie zuvor in dieser Serie gesehen – und werden sie auch später nie mehr sehen. Vielen Autorendarstellern und -darstellerinnen ergeht es so, die lediglich für einen kurzen Einepisoden- (nicht selten auch: Einszenen-)sketch eingesetzt werden (ähnlich der Niederländerin in der Episode *The Funcooker,* S03E14). Ein weiterer Ausdruck der komischen Akrobatik bei *30 Rock* in Verbindung mit dem schmerzlosen Personal einer Commedia dell'arte. Unterstützung erhält Liz immerhin durch ihre Freundin Jenna – wie öfter auch hier wieder nur trunken von billigem Whiskey; auch der verlorene Kenneth will helfen, und erwähnt darum eilfertig, wie gerne er auch den armen Emailscammern aus Nigeria hilft. Tracy schlägt schließlich vor, dem ersten der Kinder nicht

© Springer Fachmedien Wiesbaden 2016
H. Schulze, *American Progress,* Serienkulturen: Analyse – Kritik – Bedeutung,
DOI 10.1007/978-3-658-09135-4_7

**Abb. 7.1**  The Rockefeller Center on Christmas – S 03E06 – © NBC

die gewünschten Schuhe zu schenken (um Arzt zu werden – was lachhaft und un-
realistisch sei), sondern ein Paar Jetskis. Drei Ratschläge – drei Verblendungen.

Eingestreut in Liz' Weihnachtsmannsbriefaktion berichtet ihr Vorgesetzter Jack
– noch vor dem *cold opening* – ihr von seinem Weihnachtsurlaub, dessen Urlaubs-
region schon telefonisch von Liz erkannt wird: „Where are you? I hear sunshine."
Wenig später steht er in seinem Büro, erzitternd, tief erschüttert durch den Unfall,
den er seiner Mutter Carlene beim Rückwärtsausparken bereitet hatte: die neue Ti-
tanhüfte fürchtet er, da Carlene dadurch nur noch stärker werden würde (einer ihrer
Koffer war jetzt schon allein randvoll mit Perücken wie er konsterniert gesteht).
Liz verarztet Jack kurzangebunden, geht mit Jenna für die armen Kinder shop-
pen und beichtet ihr zwischen Kinderkleidung und rappenden Nikoläusen, dass
ihre eigene Familie es abgelehnt hatte, dieses Jahr mit ihr (Alter: 38) Weihnachten
zu feiern: also feiert sie (gedanklich) mit den Familien der eingangs erwähnten
Kinder. Ein psychisch belastendes Missbrauchsszenario ihrer Biografie erscheint
unabweisbar. Liz besucht schließlich gar Jack und Carlene, die vor allen Dingen
ihre beim Unfall zerbrochene *Cartier*-Uhr beklagt, Jack korrigiert: tatsächlich sie
es eine *Choppard* (die sie nicht gewollt hätte). Carlene glaubt auch nicht, dass es
lediglich ein Unfall war. Der Horror dieser Mutter-Sohn-Beziehung entfaltet sich
mit grauenerregender Konsequenz.

Später sehen wir das Autorenteam ausharren bis die aktuelle Tagesarbeitszeit
als eine ganze Arbeitswoche abgerechnet wird, Jack stürmt herein und kündigt

an: Die Show wird in diesem Jahr ein *Live Christmas Special* ausstrahlen. Zwar gesteht er ein, dass die Abwesenheit von unseren jeweiligen Müttern (was er natürlich im eigenen Interesse bezweckt) etwas schmerzhaft sein wird; doch die perfekte Weihnachtssonderausgabe von *TGS* sollte dies doch wohl rechtfertigen. Alle brechen zusammen, sinken enttäuscht in ihre Stühle.

Die perfekte *mediale Bühne* soll also errichtet werden: denn die Weihnachtssonderausgabe ist für eine Fernsehserie traditionell etwas ganz Besonderes und Herausragendes – ähnlich Sonderausgaben zum Jahreswechsel, zum Superbowl oder aus anderen jahreszeitlich wiederkehrenden Anlässen. Sofort ist im Team spürbar, dass diese eminente Bühne zugleich alle Obsessionen, Idiosynkrasien und biografischen Brüche der beteiligten Akteure in die Sendung durchschlagen lässt. Noch flüchtet Liz davor, indem sie die Geschenke der verarmten Familie der Kinder überreicht, begleitet von Tracy (als Schutz und zur Fotodokumentation) in eine *black neighbourhood* – doch scheint alles nur ein ganz mieser Internetbetrug, ein Scam gewesen zu sein: zwei mittelalte, grimmig dreinblickende, kräftige Herren nehmen ihr grußlos und schockartig den Haufen der Pakete ab (doch just diese beiden entpuppen sich später als die tatsächlichen Verwandten der armen Kinder). Am Rockefeller Plaza wird derweil eifrig geprobt, inszeniert und uminszeniert, Jack interveniert unaufhörlich, Pete Hornberger konstatiert vierfache Überstunden: Jack berichtet ihm vom Horror der Weihnachtsfeiern mit seiner Mutter und einige Szenen später beichtet er Liz sogar, wie er sie in diesen Tagen von der Couch heruntergerollt hat, nachdem sie ihn (wieder einmal) als „Jacqueline" verhöhnt hatte. Schließlich wird Carlene selbst in die Studios hineingerollt – und als sie ihn anklagt, nach ihrem Unfallsturz 8 lange Minuten vor dem Notruf gezögert zu haben, sie womöglich töten wollte, beschimpft er umgekehrt seine Mutter: „You've ruined every Christmas I've ever had!"

In den letzten Minuten der Folge aber – wie genrespezifisch vorgesehen – hält trotz allem die mediale Bühne, die mühselig gezimmert wurde. Liz und Jack sprechen ein weiteres Mal miteinander, kurz vor Sendebeginn – direkt auf der medialen Bühne. Diese hält sogar noch, als Jack ausrastet, dass doch *Mrs Clause* fehlen würde, die Weihnachtsfrau: mit diesem Aberglauben einer erotisch einem Gast sich darbietenden Mrs Clause (alias Carlene Conaghy) war Jack wohl aufgewachsen (vgl. Abb. 7.2), da seine Mutter (wie Liz endlich feststellt) am Weihnachtsabend sich prostituierte bei einem Spielzeugladenbesitzer, damit der kleine Jack – trotz familiärer Armut – all die Geschenke haben konnte, die er wollte: „You couldn't even see the tree."

Die größten Spannungen zwischen empirischen und medialen Personen sowie deren biografische, performative und selbstreflektive Spannungen werden größer und schwieriger zu bewältigen auf *medialen Bühnen* (ausführlicher: Schulze 2012,

**Abb. 7.2** Jack and Colleen on Christmas – S03E06 – © NBC

S. 66–106). Mediale Bühnen sind dabei nicht eingegrenzt auf tatsächlich räumlich aufgebaute Szenarien oder wirkliche Bühnen. Jedes technische Gefüge aus
Aufzeichnungs- und Übermittlungsgeräten, jedweder Publikationsort sowie jede
einzelne, täglich vielfach uns einhüllende Situation herausgehobenen Austausches
unter Menschen ist als eine solche mediale Bühne zu begreifen. Websites und Pres-
sekonferenzen, Fachmessen und Showrooms, Flagship-Stores ebenso wie nationa-
le, internationale Preisverleihungen, auch wöchentliche Meetings in Abteilungen,
Aufsichtsratssitzungen, Konferenzen, firmeninterne Fortbildungsworkshops bis
hin zu Fach- und Publikumszeitschriften oder -verlagen. Situationen einer ausdrücklich gerichteten Übermittlung (ausführlicher: Schulze 2012, S. 233).

Jede Episode einer Fernsehserie, ja jede neue Fernsehserie in sich errichtet eine
mediale Bühne – und im Kontinuum jeder Serie bedeuten die Sondersendungen
selbst wiederum eminente Bühnen medialer Übertragung. In solchen Situationen
zieht die Aufmerksamkeits- wie die Darstellungsspannung sich merklich enger
zusammen um die Handlungsträger: ihre Lüste werden hungriger gestillt, ihre
Schwierigkeiten existenzieller durchlitten, ihre Selbstzweifel als grundstürzend
entdeckt. Wie kann es dann überhaupt gelingen, dass die medialen Personae darin
nicht schlicht zusammenbrechen und alles mit ihnen? Wenn die Aufmerksamkeits-
spannung zu belastend wird? Ihr entgegen wirkt allerdings eine genuin performative *Spannung der Darstellung* (ausführlicher: Schulze 2012, S. 91–96): das
Bedürfnis eines empirisch kaum sortierten, sich als wirr, verzweifelt, ziellos und
fahrig, lahm und unmotiviert wahrnehmenden Menschen, sich in Gestalt ihrer so

**Abb. 7.3**  Jack & Liz am Anfang – S05E04– © NBC

machtvoll wirkenden medialen Persona auf der Bühne zu zeigen und das aufmerk-
same Stadion derart zu begeistern und zu faszinieren.

Doch hält eine solche Bühne wirklich unter allen Bedingungen? Was *30 Rock*
in jeder Episode inhaltlich erzählt, das Ausreizen und Aushalten der Produktions-
und Teamspannungen, um dennoch eine gelungene Folge von *TGS* zu senden, dies
wird auch in der gesamten Serie ausprobiert: Hält die mediale Bühne von *30 Rock*
auch, wenn die nunmehr etablierten und gewohnten Seriengepflogenheiten und
technischen Manierismen ausgeschaltet wären? Was, wenn eine Episode einmal
ganz anders, ganz archaisch produziert würde?

Wie so oft stehen wir in Jacks Büro, zum Anfang der Episode (vgl. Abb. 7.3). Es
ist dunkel. Jemand klopft, hölzern. Liz betritt den Raum, Jack wundert sich: „Does
it seem weird in here to you? – Everything looks like a mexican soap opera." Wir
hören Publikumslacher (wie in einer mexikanischen Seifenoper) und Jack wundert
sich, Liz beglotzend: „My god: I can see every line and pore in your face." In Er-
innerungssequenzen (gespielt in einer anderen Ecke des Studios) wird Liz ersetzt
durch eine jüngere Schauspielerin mit glatter Haut, perfekt frisierten Haaren und
makellos sitzenden, tailliert geschnittenen Kleidungsstücken: ganz offensichtlich
sehen wir hier die geschönte mediale Persona von Liz – so wie sie sich selbst gerne
sieht vor ihrem inneren Auge. Sogar die Titelmelodie – deren Bildsequenz auf einem
Monitor nur nebenher läuft – wird live eingespielt, gesungen und von Jenna Maroney gönnerinnenhaft dargeboten: „Because this is my gift to you: our audience!".

Wenig später sehen wir Kenneth, der im Vorbeigehen Jenna über eine gescheiterte Apothekenbestellung informiert: „Seems you can't get a prescription for ecstasy." – Jenna: „Thanks, ObamaCare." Es folgt Pointe auf Pointe, Lacher auf Lacher. „My memory has Seinfeld-money." Die gesamte Episode wurde vor Studiopublikum aufgezeichnet und im Stil älterer Studio-Sitcoms inszeniert: für Tina Fey als Hauptautorin und Mutter der Produktion bedeutet dies auch eine Rückkehr, ein Reenactment und vielleicht auch ein Reflektieren der Arbeitsweise, der Routinen und genussreichen Momente in ihrer eigenen Arbeit zwischen 1998 und 2006 für *Saturday Night Live*, das genauso produziert wurde und wird: allein drei der 25 Kapitel ihrer Autobiographie *Bossypants* (Kap. 13: *A Childhood Dream, Realized* – Kap. 14: *Peeing in Jars With Boys* – Kap. 15: *I Don't Care If You Like It*) erzählen nahezu ausschließlich aus ihrem Leben und Arbeiten als Teil dieser großen Fernsehserie, die seit 40 Jahren gesendet wird.

Das Reenactment von *30 Rock* als *SNL* (ähnlich wie schon andeutungsweise in *SeinfeldVision*, S02E01) verändert auch die gesamte Drehbuchmechanik und die akrobatischen Funktionen der Komik, die diese Serie antreibt. Deutlich erkennbar sind die Veränderungen der medialen Bühnen, die ihre Produktion vor Studiopublikum und unter Studiobedingungen betreffen. Sowohl im akustischen Nachhall, in der genutzten Beleuchtung als auch in den direkten Publikumsreaktionen und der Kameraführung wird sofort merklich, noch in den ersten Sekunden: diese mediale Bühne ist anders. Die Schauspielerinnen und Schauspieler wurden nicht in Einstellungen gefilmt, nie auf der Straße, nicht in (zumindest simuliertem) Tageslicht; sondern in einem abgeschotteten Studiokomplex, der nur höchst eingeschränkte Beleuchtungsmöglichkeiten erlaubt, keine direkten elektronischen Techniken der Postproduktion (um Gesichter glatter, Räume strahlender, Handlungsabläufe dynamischer erscheinen zu lassen) und vor allem: alle Dialoge, alle Handlungen der Akteure werden so echtzeitig durchlaufen wie eine Bühnenaufführung – die auch *SNL* faktisch größtenteils immer noch ist. *30 Rock* wirkt dunkler, träger, die Handlungen langsamer, auch zäher, ja die Schauspielerinnen erscheinen uns weitaus befangener, unsicherer, zögerlicher: sie sind sich offenbar ihrer Wirkung zwar bewusst – doch das neue Setting ist eine risikoreiche, neue Bühne für diese Produktion. Selbst wenn einzelne Schauspielerinnen hierin geübt und erfahren sein sollten, so haben sie doch diese Rolle mit all ihren Manierismen und Punchlineroutinen bislang noch nicht in die veränderte Dynamik einer solchen medialen Bühne gebracht. Die Unsicherheit bleibt: Wie wird all dies wirken am Ende?

Die Konzentration auf eine Reihe von sketchartigen Szenen ergibt sich daraus: „Fox News. A division of Fox Nonsense Incorporated." wird ein Sketch angekündigt, in dem Obama von einer archetypisch blonden *Fox*-Moderatorin (gespielt natürlich von Jenna Maroney) interviewt wird. Wie schon in vorigen Szenen

**Abb. 7.4**  Dr. Leo Spacemens Love Story-CD – S05E04 – © NBC

angekündigt, bricht Tracy (der Obama mit riesigen Segelohren spielt) in dieser Szene vor Lachen zusammen und kündigt dies auch noch im Sketch an. Er lacht und lacht – ziemlich kontext- und anlasslos wie es scheint – und kommentiert dies mit genau den Worten, die er zuvor schon als Begründung für diese etwas schlichte Nummer komischer Akrobatik angeboten hatte: „The audience loves this." Eine folgende Werbeeinblendung wird ebenfalls im Studio gespielt – „Fine, just go to commerical!" – wieder einmal vom durchgeknallten Publikumsliebling Doktor Spaceman, was zu Jubelstürmen führt: „Erectile Dysfunction: It's not just a dog problem anymore!" Er setzt seinen Doktortitel selbst in gestische Anführungszeichen und stellt hernach seine neue CD vor, die unmittelbar zum Geschlechtsverkehr führen soll (vgl. Abb. 7.4). Auch die Punchlines sind damit (nicht nur in Tracys Lachausbruch) deutlich auf die Brüller eines Studiopublikums zugeschnitten. Für Feinheiten bleibt weniger Platz.

Jack bemüht sich die ganze Episode über, vom Alkohol loszukommen (während seine aktuelle Partnerin Avery schwanger ist) mit neuen Ritualen: ein kostbares Teeservice für eine entsprechende Zeremonie steht bereit; etwas Wolle und Stricknadeln zur Beruhigung; sowie ein Set von Requisiten und ein Lehrbuch, um eine Reihe von Zaubertricks zu lernen. All diese drei Objektgruppen entstammen dezidiert einer eher altmodisch-verstaubten bis ärmlichen Kulturschicht – ganz im Gegensatz zur gesamten TV-Produktion oder dem hyperdynamisierten, hochvernetzt-luxuriösen Jetsetleben des NBC-Executives Jack Donaghy. Auch in diesen Accessoires der Episode bewegt sich die Serie also in einem Kontinuum der räumlich konstant anwesenden Dinge, die keinen Postproduktionseffekt brauchen:

Dinge, die auch vor Studiopublikum stimmig zu inszenieren sind. Jack scheitert dennoch wiederholt damit: er kann keine Zaubertricks lernen (und wenn, dann absurd kompliziert und schnell); er strickt vor lauter Entzugserscheinung sogar in wenigen Minuten einen Poncho; er schnüffelt Lösungsmittel, ja er schnüffelt in Jennas Mund, die zuvor eine Flasche Wein zum Essen getrunken hatte.

Liz' Geburtstag ist ein weiterer Strang, der die Episode durchzieht. Neben den üblichen Witzen über das (natürlich kultur- und genretypisch nur unter Kichern und Verletzung sozialer Konventionen auszusprechende) Alter von Frauen gerät sie wiederholt in Situationen, in denen sie vermutet, gleich würde ihr Geburtstag mit einer Überraschungsparty gefeiert? Und dann kichert Kenneth doch nur über eine alberne T-Shirtbeschriftung eines Autors oder Pete Hornberger möchte mit ihr lediglich über die Rechtslage des Absingens von „Happy Birthday!" in einem Sketch mit ihr sprechen. Sowohl Liz als auch ihr Team, ihr Chef Jack und dessen Assistent (der sie die gesamte Episode über anlästert und mobbt ob ihres Geburtstages) verhalten sich in dieser Episode noch deutlicher wie eine Gruppe von Commedia dell'arte-Personae. Der statische Charakter ihrer nahezu emotionslos repetierbaren Komikkunststückchen tritt deutlich hervor. Ein Zuschauer dem das Genre der Late Night Comedy fremd wäre, würde sich unmittelbar irritiert abwenden und fragen: Soll damit die gesamte Sendung und das Genre desavouiert werden? Es erscheint wie eine Farce, ein abgedunkeltes, lahmendes und reichlich statisches Marionettenspiel. Erst in der letzten Einstellung (nachdem das Team doch noch die übliche Geburtstagsfeier für die Putzfrau Jadwiga für Liz umgewidmet hat) trinken Jack und Liz doch noch ein Glas miteinander, zur Feier des Tages: und nach dem ersten Schluck wechselt das Bild von ernüchterter Studiooptik mit statischer Beleuchtung zum dynamisch-postproduzierten Bild, glänzend und schimmernd. „That's more like it!" Jack ist befriedigt.

Die mediale Bühne ist für diese Episode nun sehr konkret modifiziert worden. Die Veränderungen am Drehbuch sind zwar spürbar – die Pointen werden wie erwähnt langsamer und deutlicher für ein Studiopublikum inszeniert gesetzt, weniger nachbearbeitet und verständlicherweise sind keine digital eingesetzten Irritationsgags zu sehen. Das tut aber der Show insgesamt kaum einen Abbruch. Sie erscheint jedoch wie aus einer vergangenen televisionären Epoche zu uns ins frühe 21. Jahrhundert gesendet. Die Anspielungen auf andere, die Einspielungen von älteren Comedians (wie eben Jerry Seinfeld) werden hier manifest in einer Bildästhetik, die aus der veränderten Proben- und Aufführungssituation vor Studiopublikum herrührt. Ein weiterer deutlicher Effekt des *American Progress* ist darum genau diese Reflexivität hinsichtlich medialer Produktionsästhetiken der Fernseh- und Popkultur. Wohl kaum eine andere Landes-, Welt- und Unterhaltungskultur versteigt sich derart lustvoll in selbstzerstörerische Ausprägungen ihrer Genres: Die Lust an

**Abb. 7.5** Jack & Liz am Ende – S05E04 – © NBC

den eigenen Erfindungen ist derart maßlos, dass allein deren ausdrückliche Zerstörung noch zur Steigerung des Unterhaltungs- und Beharrungswertes beitragen kann. Diese veränderte Ästhetik und Produktionstechnik, der andere, selbstzerstörerische Produktionsablauf wirkt sich darum auch auf viele Details des Genres aus: in diesem Fall vor allem auf andere Pointenvorlieben und andere komische Dynamiken (langsamere, publikumsträchtigere). Wie schon angedeutet bleibt aber auch hier die mediale Bühne von *30 Rock* am Ende der Episode unangetastet. Der Sprung in die Liveshowproduktion erscheint mehr als ein temporärer Lapsus aufgrund von Jacks Nüchternheit. Die digitalen Produktionstechniken braucht es offenbar für einen hinreichend glamourösen Rauscheffekt (vgl. Abb. 7.5).

# The Mormon Parsifal: Kenneth Parcell

8

Wie ein Schlemihl schleicht er durch die Gänge. Er scheint keinen Schatten zu besitzen, doch stets und nahezu unaufhörlich freundlich und hilfsbereit zu lächeln. Ein grauenerregend ungerührtes Lächeln. Aus der Ruhe bringt ihn kaum etwas – kein Todesfall, kein Unternehmensverlust, keine Ehekrise eines Showstars oder eines Autors (vgl. Abb 8.1). Im Gegenteil: umgehend sprintet er los, erfüllt von brustschwellendem Stolz, mit einem höheren, nein: dem höchsten und besten und wichtigsten Auftrag zu diesem Zeitpunkt betraut worden zu sein. Er ist auf einer Mission. Er ist der Diener schlechthin, der dienstbare Geist, der Helfer, das Faktotum. Sprich: er ist Dienstbote, mutmaßlich subjektlos, unterworfen und sich unterwerfend, bloßes Objekt und Werkzeuge derer, denen er dient sowie des Studios, das ihn bezahlt. Er ist die Arbeitskraft, der Lohnabhängige im klassischen Sinne der traditionellen Ausbeutungskultur. Er wird erst zu dem Zeitpunkt – ganz subjektphilosophisch – zu einem vollen Subjekt, sobald er einer konkreten, großen und belastenden Pflicht tatsächlich unterworfen wird. Sein Arbeitsauftrag lässt ihn wirklich und personal werden. Wirklichkeit kann er nur erfahren im arbeitenden Handeln – das für ihn heißt: leben.

Kenneth Parcell ist ein Einzelner. Kaum handelt er im eigenen Interesse und Bezug auf andere Einzelne. Er ist immer nur einzeln er selbst, die Arbeitskraft, der Dienstbote, Werkzeug: „Hey everybody! I got fired today. You won't have Kenneth Allen Parcell to kick around anymore. So I'm going to tell you people what I really think of you. No. No. For four years I have listened to you all complain about your East Coast media elite problems, your apartment renovations, and your overpriced Star Wars memorabilia. I have watched you throw away better food than my family eats at Christmas. And I have loved it. You people, you are my best friends and I hope you get everything you want in life. I'll see you all in heaven. Have a wonderful summer!" (S04E22) Nur selten einmal erscheint er in tatsächlich tiefen und grundlegend subjektkonstituierenden Beziehungen zu anderen Akteuren

© Springer Fachmedien Wiesbaden 2016
H. Schulze, *American Progress,* Serienkulturen: Analyse – Kritik – Bedeutung,
DOI 10.1007/978-3-658-09135-4_8

**Abb. 8.1**  Kenneth Parcell in der ersten Folge – S01E01 – © NBC

der Serie. Er bleibt in einer dienenden, heteronomen und Nebenrolle. In einer solchen betritt er auch den Serienkosmos, wenn er in der Pilotfolge als allererstes eine
Zurechtweisung durch Pete Hornberger erfährt: Was darf er bei seiner Führung zeigen, was nicht, was ist angemessen, was unangemessen? Er ähnelt in seiner unaufhörlich freundlichen und zuvorkommenden Dienstbarkeit den niederen Robotern
und schweigsam-freundlichen Hausangestellten der Film- und Fernsehgeschichte
zwischen C3PO (*Star Wars*) und Lurch (*The Addams Family*). Damit aber übernimmt er für uns Betrachter eine doppelte Aufgabe: zum einen ist er der fraglos
Schwache, Ungebundene, mitunter auch das Opfer vieler schlechter Scherze und
Beleidigungen (die er mit religiös erhobenem Gleichmut erträgt und stets zu seinem Besten wendet); zum anderen aber führt er uns tatsächlich durch die Folgen,
da seine Unwissenheit (der übliche dramaturgische Taschenspielertrick) natürlich
unsere anfängliche Unwissenheit gegenüber der Erzählwelt der Serie aufnimmt. Er
darf fragen, was niemand sich traut; er betritt jedes Fettnäpfchen, das jeder sonst
kunstvoll zu umtänzeln suchen würden; er präsentiert sich stolz und schamlos in
all seiner tatsächlich tiefprovinziellen Leichtgläubigkeit. So leichtgläubig wie vielleicht auch wir anfangs sind?

Seine Leichtgläubigkeit scheint sein herausstechendes Merkmal: Kenneth' Bewusstsein scheint ganz entleert, ganz hingebungsvoll, ganz empfänglich für jed-
weden Auftrag, jeden Einfluss eines Höherstehenden und Fernsehmitarbeiters –
inklusive aller wohlmeinenden Missverständnisse, etwa wenn Jack gesteht: „Truth
be told, I have not learnt a lot about *Kabletown*. It's a whole different business

model." und Kenneth erzählt: „My cousin in Atlanta is a *business model*. She holds up staplers for catalogues." (S04E15) Seine existenzielle Leichtgläubigkeit schlägt auf alle weiteren Aspekte seines Lebens durch – soweit dies in die Serie hineindringt: die wenigen, die sehr sehr wenigen Liebesaffären, die sich im Laufe der sieben Staffeln beobachten lassen, sind ausnahmslos geprägt von Kennth' Verblendung und der Tatsache, dass er für dies oder jenes jeweils ausgenutzt wurde durch seine vermeintliche Liebespartnerin. Sein Glaube – beziehungsweise seine Vorstellung vom Glauben – scheint nach wie vor seine größte Hoffnung, seine höchste Liebe zu sein. Auch wenn er nicht explizit als Mormone oder als Angehöriger einer bestimmten evangelikal-fundamentalistischen Glaubensrichtung bezeichnet wird, so weisen seine Äußerungen über seinen Glauben doch genau in diese Richtung. Er müht sich redlich damit ab, gemäß der Heiligen Schrift zu leben – doch die wilde, unanständige und böse Welt um ihn herum führt ihn unaufhörlich in Versuchung. Etwa durch Gedankenspiele, die sein Chef Jack Donaghy ihm aufnötigen will – Kennth aber entgegnet beherzt und gläubig: „I don't believe in hypothetical stituations, Mr. Donaghy! That's like lying to your brain." (S03E02)

Er bleibt somit ein hoffnungslos Suchender. Ein Parsifal: ein mormonischer Parsifal. Ähnlich verhält es sich auch mit Kenneth' Familienverhältnissen. Von ihnen wissen wir nur wenig – wie üblich bei Nebenfiguren, selbst prominenten, aus Gründen der genretypischen Erzählökonomie; doch, was wir erfahren, lässt ähnliches vermuten: er wurde als Sohn eines Schweinebauern im Bundesstaat Georgia geboren, hat die Affären seines Vaters kaum richtig verstanden – und studierte später am *Kentucky Mountain Bible College* (vgl. Abb 8.2): einem tatsächlich existierenden, evangelikalen Bildungsträger, der vor allem Priester und Missionare hervorbringt, die weltweit nach eigenen Angaben in über 60 Ländern tätig sind. *Training Holiness Leaders!* Kenneth erhielt dort Abschlüsse in Television Studies und in Bible Sexuality. Seinen verstreuten Äußerungen zufolge scheint er auch viele Sprache zu sprechen – nicht nur Latein (S04E04), Deutsch (S02E1), Französisch (S03E08) sondern sogar Mandarin (S02E15) Trotz diesem zumindest punktuell aufscheinenden Wissensvorsprung, ja einem oft übermenschlich erscheinenden Taten- und Hilfsdrang steht Kenneth zu nahezu allen anderen Autoren und

**Abb. 8.2** Kentucky Mountain Bible College

Akteuren von *TGS (With Tracy Jordan!)* in einer vollkommen unterwürfigen und
dienstbaren Beziehung.

Es bleibt jedoch der Eindruck, er stünde womöglich ganz heimlich doch über
diesen seinen Herren und Herrinnen. Oft scheint es, dass er aufgrund der Aufträge,
die diese ihm erteilen, einen größeren Genuss und eine tiefere Befriedigung erfährt
als jenen zu erfahren je möglich sein wird. In der Erzählwelt von *30 Rock* gibt
es eine Erklärung, die wieder zur Theorie des Fantastischen nach Todorov führt:
denn Kenneth Parcell stirbt wenigstens zwei Mal innerhalb von 30 Rock: in den
Episoden *The Ones* (S03E19) und *College* (S05E08). In beiden Episoden stirbt er
allerdings hinreichend freiwillig – zum höheren Nutzen seiner Kollegen, der Stu-
dioproduktion, seines Chefs Jack Donaghy. Nicht nur das, Parcell wird schließlich
auch die einzige Figur sein, die tatsächlich alle Akteure des frühen 21. Jahrhunderts überleben wird. In der Episode *Last Lunch* (S07E13) sitzt am Ende Kenneth
Parcell am Schreibtisch von Jack Donaghy: er nimmt den Pitch einer Nachfahrin
von Liz Lemon entgegen, die ihm vorschlägt, genau diese, historisch im frühen 21.
Jahrhundert verankerte Comedyserie *30 Rock* zu produzieren, die mit dieser Episode Nummer 138 schließlich zu Ende geht. Im Hintergrund sehen wir fliegende
Autos vorüberglucksen; wir befinden uns somit etliche Jahrzehnte in der Zukunft,
doch Kenneth Parcell erscheint vor uns genauso alterslos, bleich und jugendlich,
breitgrinsend und ewig gutgelaunt brav wie in der Pilotfolge (vgl. Abb 8.3).

Doch die Erzählwelt von *30 Rock* bleibt auch rückwirkend dynamisch, plas-
tisch und flirrend. Selbst mit diesem Wissen bleibt in früheren Episoden der Ein

**Abb. 8.3**  The Immortal Kenneth Parcell – S07E13 – © NBC

druck, Kenneth sei hier noch nicht als ewig unsterblicher Highlander, Halbgott und Wunderkind konzipiert worden. Diese Paradoxie entspringt letztlich der genuinen Dialektik der Figur Kenneth Parcell. Kenneth ist der hegelianische Knecht, der derart auf seinen Herr bezogen ist – in Erwartung, in Sorge, ja in andeutungsweise bemutternder bis paternalistischer Vereinnahmung –, dass der Mangel solcher Bezüglichkeiten auf Seiten des Herrn überdeutlich hervortritt. Seine Herrinnen und Herren leiden an den ihnen fehlenden, unabweisbaren, verbindlichen Aufträgen. Er aber erhebt sich über sich selbst, geht über sich selbst hinaus in all diesen so vermeintlich erniedrigenden und beschämenden Aufträgen, die er wirklich von jedem und jeder erhält. Er erfährt eine Verklärung.

Diese hintergründige Form der Entsagung könnte als höchste Glaubensrichtung des *American Progress* angesehen werden: Kenneth dient den Institutionen und Wirtschaftsformen seiner Zeit – und bleibt dennoch demutsvoll zurückhaltend in seinen eigenen Ansprüchen. Damit entspricht er dem Inbild eines weißen Sklaven, oder wie Jack Donaghy ihn in der Episode *Believe in the Stars* (S03E02) deutet: „you are more like an inner city Latina."

Der maßgebliche Glaube der Latina namens Kenneth Parcell aber ist das Fernsehen: „I just love television so much" (S01E01) Der Glaube aber als ein überweltliches, unanschauliches Ding wird wirklich und angreifbar für Kenneth Parcell in den Menschen, den Dingen, den Arbeitsabläufen und Produktionsbedingungen von *TGS (With Tracy Jordan!)*. *30 Rock* verkörpert für Kenneth den Sitz seiner Religion im täglichen Leben. Und mit Wissen um die letzte Episode Nummer 138 ist zu ergänzen: Kenneth ist für *30 Rock* zugleich sein Demiurg und sein mythisch ewiger Erzähler. Kenneth ist Homer. Oder wie seine Mutter Paelene ebenfalls in der letzten Episode sagt: „Well he's always been a special boy. I remember the day he was born. He looked up at me and he said: Momma! I am not a person. My body is just a flesh vessel, for an immortal being whose name, if you heard it, would make you lose your mind." (S07E02)

# Believe in the Stars (S03E02): Die mediale Persona

**9**

Wir fliegen das Gebäude empor und landen im Büro des Chefs, angestrengt tele-fonierend, sein Assistent geht beiseite. Nach einem Parallelgespräch mit Liz und einem Geschäftskollegen (Ihre Fragen sollten Antworten auch am Telefon für den anderen Gesprächspartner erlauben) gibt er ihr ein Medikament für den Flug mit: sie soll wieder einmal als Jurymitglied, als Schöffin an einem Gericht tätig sein. Die Verschlingungen der drei Personae – Jack, Liz, sein Assistent – sind schon in diesen wenigen Minuten ganz stilisiert, auf Pointe gebürstet und von maskenhafter Empfindungsarmut.

Unterbrochen wird diese komödiantische Miniatur der Eintracht zwischen Chefautorin und Senderchef nur durch die Tatsache, dass letzterer sich nun mit einem Verräter in den eigenen Reihen auseinandersetzen muss: Tyler Brody will öffentlich kundtun, dass NBC einige olympische Disziplinen der Spiele 2008 in Beijing erfunden hat: *Tetherball, Synchronized Running, Octuples Tennis*. Ein har-tes Verhandlungsgespräch in Jacks Büro führt am Ende nur dazu, dass Kenneth alles mitanhört, dass Jack verrät, dass die Umfragewerte des damaligen Präsiden-ten George W. Bush sich massiv erhöht hatten – und in einer letzten verzweifelten Tat (nachdem schon die Moderation von *Deal or No Deal* so schändlich abgelehnt wurde) bietet er dem Verräter an: „You can be the voice of *Knight Rider – The Film*!" – „I'm listening" Der Star, die absolute mediale Persona beugt sich der Institution (vgl. Abb. 9.1).

Kaum gebeugt sind dagegen Tracy und Jenna, deren Rechtsstreit um ausste-hende Honorarzahlungen von Tracy an Jenna für ein Computerspiel, dem sie ihre Stimme geliehen hatte, macht eine Mediation zwischen den beiden Starschauspie-lern der Serie nötig: wieder einmal von Liz arrangiert treffen sich beide (nach dem Vorspann jedoch erst) mit einem etwas dicklichen Mediator in Normcore-Aufzug. Das Gespräch wird zartfühlend-freundlich von diesem begonnen, doch mit jedem Satz der beiden Streitgockel werden die Verletzungen der Gesellschaftsgruppen

© Springer Fachmedien Wiesbaden 2016
H. Schulze, *American Progress,* Serienkulturen: Analyse – Kritik – Bedeutung, DOI 10.1007/978-3-658-09135-4_9

**Abb. 9.1** The Voice of Knight Rider – The Film: Tyler Brody – S03E02 – © NBC

für die Jenna und Tracy stehen, *black or female*, härter gegeneinander abgewogen in pokerhafter Überbietungsmanier. Tracy bricht schließlich aus in: „White pople stole jazz, rock'n'roll, Will Smith and heart disease. Now they think they can take my hard earned money!" Die Intersektionalität ihrer Diskriminierungen wird kaum diskutiert – es geht um die trivialen Spielkarten der tatsächlichen und vermuteten Benachteiligung; ihre Privilegien hinsichtlich wohlbegüterten Elternhäusern etwa taucht kaum auf (unter einem solchen Mangel könnte z. B. viel eher der ärmlich gekleidete Mediator gelitten haben, so scheint es).

Jenna bringt ihre Wut auf den Punkt mit dem Satz: „Do you know women still get paid less then men for doing the same job?" Der von Tracy in seiner wie üblich wahnwitzig irreal erfundenen Art (die nichtsdestotrotz auf tatsächlich im erwähnten Bundesstaat vorherrschende Rassendiskriminierung verweist) gekontert wird: „Do you know that it is still illegal to be black in Arizona?" Schließlicht erhebt sich der Mediator, höchst betroffen und voller Wut in einer für *30 Rock* gleichfalls sehr üblichen Überschreitung und kompletten Zerspielung des ursprünglichen Konfliktes: „Do you know how hard it is to be an overweight transgender in this country?" In diesem kleinen Dialog von kaum einer Minute wird eine wiederkehrende Figur der Humorakrobatik dieser Serie aufgeführt: ein zuvor durch bestehende Rollenklischees und mediale Personae aufgebauter Konflikt (der weniger in den Personen und ihrem tatsächlichen, täglichen Leben als ihren zeichenhaft repräsentierten Gesellschaftsschichten und Persönlichkeitstypen begründet liegt) wird in einer einzelnen Szene schließlich auf den Höhepunkt der Konfrontation getrieben: die repräsentierten Typen und Schichten prallen aufeinander und möchten den Konflikt mit grotesken Sentenzen und Aphorismen ausfechten. Doch bevor dies gelingen kann bricht eine dritte Instanz und Person in diesen Konflikt hinein – der Mediator –, die die gesamte Konfliktlage als geradezu lächerlich irrelevant erkennbar macht, vollständig artifiziell und hohl. Denn es ist diese dritte Person, die eine noch viel schwerwiegendere Konfliktlage in sich auszutragen hat: *overweight transgender beats race vs gender.* Drei mediale Personae konfrontieren sich (vgl. Abb. 9.2).

Der Ausgangskonflikt ist damit keineswegs gelöst oder aufgelöst. Er erscheint im Lichte dieses größeren und mutmaßlich weitaus schmerzhafteren und weitaus ungelösteren Konfliktes als eher kleine Vorstufe, die diesen schwerwiegenderen Konflikt erst erkennbar machen half. Auch in diesem Fall gilt aber das Prinzip des wiederholt zu beobachtenden *American Progress* – eines stagnierenden Fortschritts in *30 Rock*: alle drei Konflikte bleiben ungelöst, unbefriedet, ungemildert. Es bleibt (uns Zuschauern und den Protagonisten) nichts als sich in beklommen-frappierter Schockstarre davon zu lösen. Hysterisch lachend, verwirrt und irre.

Wir sehen also Kenneth, der desillusioniert sein Autogrammbüchlein betrachtet: „Believe in the Stars" hat Tyler Brody dort hineingeschrieben. „It's like that it doesn't mean anything anymore…" Jack tritt hinzu und versucht zunächst ihm zu zeigen, dass er (der soeben hörte, wie sein Held Brody alles als Lüge brandmarkte, was ihm einst wichtig schien) nur Zeuge einer Unterhaltung unter Erwachsenen wurde, die nicht für seine Kinderohren bestimmt gewesen war. Kenneth zweifelt nun auch an anderen olympischen Disziplinen wie *Bear Pong, Jazzercise,* sogar an

**Abb. 9.2**  Black, Female & Overweight Transgender – S03E02 – © NBC

*Women Soccer.* Kenneth hat nicht nur das Vertrauen in seinen Helden Tyler Brody, sondern auch in die gesamte, parareligiös von ihm besuchte Fernsehkirche – und nicht zuletzt in seinen angebeteten Chef verloren: was der bleiche Kenneth ausdrücklich betont und mit dramatischen Pausen inszeniert. Kenneth: „There're only two things I love in this world: everybody and television." Zwei Menschen, die als mediale Personae, durch ihre öffentliche Selbstvergegenständlichung als Figur auf ihn wirken und ihn beeinflussen konnten, diese zwei Menschen scheinen nun ihre Macht auf ihn verloren zu haben. Und mit ihnen das gesamte mediale Kontinuum der Fernsehfiguren, der Fernsehproduzenten, -redakteure, -programmverantwortlichen. Eine Macht, die allein durch seinen Glauben, durch sein Vertrauen in deren Aufrichtigkeit und Verhalten gerechtfertigt und begründet wurde.

Doch was ist eine *mediale Persona*, von der in diesem kleinen Band schon wiederholt die Rede ist? Wie anhand voriger Episoden und einzelner Figuren dieses Bandes deutlich wurde, geht dieser Begriff nicht notwendigerweise von einer kategorischen Trennung medialer und nicht-medialer Darstellungsformen apriori aus. In der transmedialen Lebensrealität des 21. Jahrhundert wäre eine solche Annahme geradezu grotesk bis weltfremd. Vielmehr operiert der Begriff der medialen Persona mit abgestuften Graden spezifisch situativ, apparatisch und imaginativ wie performativ bestimmter Medialität: *Medialität* ist zunächst durch Überwindung einer raumzeitlichen Ferne bestimmt, zur Vermittlung einer Kenntnis von Dingen, die der nur gering vermittelten Erfahrung möglicher oder beabsichtigter Empfänger nicht zugänglich sind (ausführlicher: Schulze 2012, S. 39–48). Da das Meiste, über das Menschen dieser Jahre jeden Tag sprechen und sich austauschen nicht ihrer Erfahrung zugänglich sein kann, aufgrund der Enge des persönlichen Erfahrungsraums, aufgrund dessen nimmt der mediale Vorstellungsraum einen beträchtlichen Platz im Denken, Empfinden, Erleben und Handeln ein. Mediale Räume sind darum reich an Auswirkungen. Sie sind real.

Die medialen Bühnen, die hierfür wie erwähnt (vgl. Kap. 7) errichtet werden, schaffen die Stadien und Podien, die Arenen und Laufstege, auf denen die medialen Figuren sich zeigen können: ein Defilée medialer Personae,. Nahezu jede der neueren, insbesondere der komödiantischen Fernsehserien, besteht zu einem Großteil aus einem solchen Defilée, in dem die stilisierte öffentliche Figur der Schauspieler (also: Tina Fey, Alec Baldwin, Tracy Morgan, Jane Krakowski, Jack McBrayer oder Judah Friedlander) undurchdringlich ambivalent sich mit der dargestellten Figur verquickt (also: Liz Lemon, Jack Donaghy, Tracy Jordan, Jenna Maroney, Kenneth Allen Parcell oder Frank Rossitano). Was nicht heißt, dass sie sich allein sekundär aus dem Ruhm dieser medialen Persönlichkeiten speisen würden. Das Gegenteil ist der Fall: diese Serien tragen zur Ausstrahlung, zum Ruhm, zur öffentlichen Meinung über diese Persönlichkeiten bei. Das Ressentiment, ein guter Schauspieler müsse vor allem eine andere Rolle spielen und weniger sich selbst wird hier ganz offensichtlich widerlegt. Allein Schauspieler, die eine bestimmte, medial anregende, auch polarisierende oder sedierende Persönlichkeit darbieten können, allein sie sind fähig auch als mediale Figuren im Rahmen einer Fernsehserie tatsächlich wirken zu können.

*Die mediale Persona* entsteht dementsprechend konkret erst in ihren Auftritten und materiell vorliegenden und Wirkung zeigenden Handlungen. Sie ist Körper und Aktion – sei es innerhalb digital nachbearbeiteter, speicherbarer Artefakte. Eine mediale Persona ist stilisierte Darstellung unserer Selbst in einer hinreichend öffentlichen Situation, die wir als nicht intim im engeren Sinne qualifizieren würden: wir begegnen ihr auf Abstand, wir haben allein dadurch Zugang zu einem anderen Menschen, wir wissen darum, dass diese Menschen auch ganz andere Personae zeigen auf ganz anderen medialen Bühnen (ausführlicher: Schulze 2012, S. 146–194). Unsere jeweilige mediale Persona ist eine funktional, situativ und durchaus stimmungsabhängig plastische Variante der öffentlichen Selbstdarstellung. Die medialen Personae in *30 Rock* und *TGS* durchdringen sich dabei wechselseitig: wir sehen die öffentlichen Figuren der Schauspielerinnen und Schauspieler mediale Figuren innerhalb der Serie *30 Rock* darstellen, die überwiegend Schauspieler und Schauspielerinnen sind, die mediale Figuren innerhalb der Serie *TGS* darstellen. Die Rückwirkungen, Rollenreinterpretationen, Rollenklischeeironisierungen und andere Feedbackschleifen sind folglich einer der durchgängigen Gegenstände der Serie *30 Rock* – wie auch dieses kleinen Bandes (Abb. 9.3).

**Abb. 9.3** Blackfacing, Whitefacing & The Hardship of White Males – S03E02 – © NBC

**Abb. 9.4**  Liz & Oprah – S03E02 – © NBC

Der vermeintlich abgebrochene Konflikt zwischen Tracy und Jenna, ausgetragen als Stellvertreterkriege medialer Personae – wahrlich ein Possenspiel von Masken medialer Commedia dell'arte –, dauert über dieses Maskenspiel hinaus an: der Konflikt eskaliert sogar noch einige weitere Stufen bis zu einem sogenannten *social experiment*, in welchem Jenna und Tracy ihre Gesellschaftsschichten tauschen wollen, um zu sehen, wer es schwerer hat in der US-Gesellschaft: *Blacks or Women*? Derweil trifft Liz auf dem Rückflug ihrer Tätigkeit in einer Gerichtsjury (die sie auch diesmal wieder als irre Prinzessin Leia absolviert, da dies ihre beste Entschuldigung zu sein scheint, nicht zur Schöffin bestimmt zu werden) Oprah Winfrey (vgl. Abb 9.4), die zufällig neben ihr sitzt, und klagt ihr all ihr Leid – von unausgelebtem lesbischen Begehren, Entjungferung mit 25 bis hin zu den Erschwernissen ihres späten Adoptionsantrages sowie allerhand anders idiosynkratischer Aversionen und Obsessionen in ihrem Leben. Ein verdecktes soziales Experiment auch hier: *Black and female*. Wieder prallen zwei mediale Personae aufeinander, wieder sind sie durch Hautfarbe, doch nicht durch Gender getrennt – mehr aber durch den Status, den sie im öffentlichen Leben (der Serie *30 Rock*) einnehmen. Liz Lemon ist hier nur ein kleines, kaum öffentlich bekanntes Licht. Winfrey aber ist es gewohnt, mit übergriffig-begeisterten Fans umzugehen, die ihr nahezu ekelerregend intim ihr Herz ausschütten – ohne diese Fans allzu offensiv beleidigend von sich zu stoßen. Selbstverständlich genießt es Oprah Winfrey und genießen wir es als Betrachterinnen und Betrachter die mediale Persona Oprah hier sich selbst zu spielen – und das Kontinuum der Erwartungen an ihre öffentlichen Auftritte zumindest ansatzweise zu hintergehen, zu ironisieren, zu befragen. Schließlich ist

es die erleuchtete Großmoderatorin Oprah Winfrey, die Liz darauf hinweist (eine
Andeutung, die in der Serie sich stets wiederholt), dass Jenna und Tracy die größten Belastungen und Nervensägen ihres Berufslebens und tatsächlich ihre Kinder
sind, die sie bislang nie gehabt hatte – und nun durch Adoption sich holen möchte.
Nach Liz' Rückkehr stellt Tracy sich als (tatsächlich eher zombiehaft) ge-
schminkte Blondine seinen Arbeitskollegen vor. Doch schon Frank ist wenig beein-
druckt, seine Mütze sagt: ALIEN ABDUCTEE. Ein überdeutlicher Kommentar zu
Tracys neuer Rolle, als wäre dieser von Aliens entführt und transformiert worden.
Just als die verquer kostümierten Jenna und Tracy das gesamte Studiobetriebsleben
aus den Angeln heben und auch der einzige schwarze Autor im Team, James Toofer
Spurlock, sich beleidigt fühlt durch Blackfacing und Arbeitsverweigerung, weist
Jack alle Konfliktparteien in ihre Schranken, *mainsplaining, whitesplaining* (vgl.
Abb. 9.3): „I'll tell you who has it the hardest: white men. We make the unpopular
difficult decisions, the tough choices. We land on the moon and on Normandy
Beach – and yet they resent us." Und auf den Einwand Kenneth', auch er sei ein
weißer Mann, bügelt er ihn ab mit: „No, you are not. Socioeconomically spea-
king you are more like an inner city Latina." Einzig Liz kann wieder einmal mit
dem Verweis auf eine *dea ex machina* wie erleuchtet und erlösungsfroh ausrufen:
„Oprah is coming! And she's gonna fix everything!" Jenna fragt: „Did she touch
you?" Liz nickt salbungsvoll. „Oprah smells like rosewater and warm laundry."
Jenna beugt ihr Knie – und wagt es huldvoll den Handrücken der Geheiligten an
ihre Stirn zu legen. Die Kräfte Oprahs sollen nun zu ihr überfließen können. Als
Oprah aber eintritt, stellt sich heraus, dass Liz im Flugzeug eben nicht mit Oprah
sprach und all ihre Lebensprobleme vor ihr ausgebreitet hatte, sondern: eine Schülerin. Liz ist verstört, ebenso Jenna und Tracy. Plötzlich erinnert sie sich an den
einen oder anderen befremdlichen Satz, den die Schein-Oprah im Flugzeug über
ihre Mutter, die Stewardess und ihren Freund gesagt hatte, der doch schon in die 9.
Schulklasse gehe! Zur Oprah-Mediation stellt die Schülerin wie folgt sich vor: „I
am Pam. I'm a middle school class vice president, a certified entrained babysitter
– and: I got internet in my room! I believe I can achieve anything." Die Medizin,
die Liz (auf Anraten von Jack gedealt) zum Flug also eingenommen hatte, wirkte
sich wie von Jack angedroht auf drastischste Weise auf ihre Wahrnehmung und ihr
Urteilsvermögen aus. Eine Zwölfjährige hielt sie für Oprah Winfrey.

Am Ende gelingt es allerdings just diese zwölfjährige Pam den Konflikt zwischen Tracy und Jenna lösen – woran zuvor Jack, Liz und der Mediator gescheitert waren. Jenna und Tracy stehen gerührt und in Tränen voreinander. Sie halten
Händchen wie Schulkameradinnen, die allein wegen alberner Zickereien sich zu
tief entzweit hatten – und nun nicht begreifen können: Wie konnte dies passieren?
„I need to stop being a *frenemy* and be your real *BFF*!" Pam daraufhin: „Well:

looks like my work here is done!" Und während Liz schon wieder einmal eilfertig ihr Licht unter den Scheffel stellen will und das Verdienst dem daran reichlich desinteressierten Schulmädchen überantworten will, erteilt Jack ihr eine Lehre, wie ein ordentlicher weißer Mann sich gerne unverdient mit fremden Lorbeeren zu schmücken weiß: „Be a white man: take credit!" Die weiße, männliche mediale Persona überwindet letztlich alle Widerstände; die ihm zugeordneten Dienstleisterinnen und Assistenten mühen sich ab, dem nachzueifern. Fortschritt scheint für sie nur möglich im Nachahmen der weißen Persona.

# The Non-Symbolic Phallus: Jack Donaghy    **10**

Er ist der absolute Sieger. Seine Schultern stets breit unter den Schulterpolstern; der Anzug sitzt wie an Clark Kent, sein entschiedenes Kinn so scharf geschnitten wie Hemdkragen und Schuhabsatz. Seine Worte so wohlgesetzt, er scheint lediglich einem für ihn bereiteten Strom des Artikulierens und Aussagens, des Reflektierens, Abwägens und überzeugenden Entscheidens zu folgen. Da gibt es keinen Zweifel. Da gibt es keine Unwissenheit. Da gibt es allein unsere Bewunderung für diese Körpermacht, diesen Geisteshorizont, diese Entscheidungsbeherztheit, diese Handlungspotenz. Er ist ein Phallus: Jack Donaghy, der *Vice President of East Coast Television and Microwave Oven Programming for General Electric* (so sein Titel am Anfang der Serie – nach dem Kauf durch *Kabletown*, wird er sogar NBC's Direktor; (vgl. Abb 10.1). So hätte er es wohl gerne. Und so glauben es ihm auch viele. Zuallererst sein deutlich sexuell ihm zugetaner Assistent Jonathan, der ohne zu zögern ihn als seine höchste Gottheit, seinen Lehnherrn im mittelalterlichen Sinn, sein Idol bezeichnen würde. Er gerät in Verzückung nur beim Anblick von Jack; Jacks Entscheidungen wandeln ihn zum willfährigen Unternehmenssöldner, ein tapferes Werkzeug seines Meisters – ganz im Stile von Kenneth Parcell. Jack ist der Phallus nicht nur der Serie: ein überaus begehrtes, erotisch aufgeladenes Ding ist er vor allem für die ihn bewundernden Mitarbeiterinnen und Mitarbeiter. Sie schwärmen für ihn, hängen an seinen Lippen, tun, was er sagt (auch wenn sie unmittelbar nach dem Briefing tuschelnd und lästernd beiseite gehen und erst einmal gar nichts tun, sondern Kaffeetrinken).

Die Anbetung durch seine romantischen Liebhaberinnen, seine erotischen Abendbegleitungen, dem Armschmuck an seiner Seite ist jedoch weniger ungebrochen. In den meisten Fällen ist er es nun umgekehrt, der die elegant gewandeten, makellos hochgeschossenen (oft hochgeschlossenen) Wesen anbetet. Wesen, die meist einem *Victoria Secret*-Damenwäschekatalog entstiegen scheinen und lediglich vorübergehend, wie zum Zeitvertreib, sich einige Abende oder

© Springer Fachmedien Wiesbaden 2016    69
H. Schulze, *American Progress,* Serienkulturen: Analyse – Kritik – Bedeutung,
DOI 10.1007/978-3-658-09135-4_10

**Abb. 10.1**  Jack & The Microwave Oven – S03E14 – © NBC

Wochen lang der Unterhaltung durch vergleichsweise mangelhaft Irdische wie Jack Donaghy hingeben. Hier sind sie es nun (wie in solchen *trophy fuck*-Aggregaten vorgesehen), deren skulptural durch High Heels, polierte Waden, Wespentaille, scharfe Handtasche und Dekolletee sowie mächtige Frisur und angehängte Juwelenketten erweiterter Leib nun als das absolut Begehrenswerte von Jack angebetet wird. Der Leib der Affäre ist der Phallus, den der beruflich Erfolgreiche sich (in der Sprache der Psychoanalyse) zu introjizieren sucht. Unausgesprochen begreift Jack seinen Phalluscharakter, den er in genau den Frauen wiedererkennt, die er denn auch umstandslos sich einverleibt. Er sucht Ganzheit: denn tatsächlich wird er zerstört, vielfach zerbrochen, verarmt, entkernt, gehäutet, geteert, gefedert, gevierteilt und den Tieren seiner Verwandtschaft (seiner Mutter) und seiner Konkurrenten (Devon Banks) zum Fraß vorgeworfen. Er ist ein Wrack.

Was für ein Wrack dieser perfekte Übermann ist, wird erst deutlich in Konfrontation mit seinen Kryptonitfrauen, -gegnern und -dingen: eine Affäre mit vermeintlicher Glasknochenkrankheit (S01E19/20/21); seine ebenso zerbrechliche, jedoch übermenschlich willensstarke Mutter (exemplarisch im *Christmas Special* S03E06); sowie sein vergleichsweise offen schwuler Konkurrent Devon Banks, der aus strategischen Gründen die nach Jacks Standards ungünstig proportionierte und reichlich ungepflegte und unkultivierte Tochter Kathy Geiss des GE-Vorstandsvorsitzenden Don Geiss ehelichte (tiefste Erniedrigung Jacks in *Succession* S02E13, eine Parodie auf Milos Formans *Amadeus*-Film). Seine größten Gegner sind somit meist Gegnerinnen und verkörpern zugleich die größten Angstphantasien eines heteromaskulinistischen Stärkekultes und Ordnungsfimmels. Sie brechen ihn. An ihnen zerbricht er.

**Abb. 10.2**  Jack & Phoebe – S01E19 – © NBC

Die Affäre mit Glasknochenkrankheit ist das erste überdeutliche Beispiel. Phoebe (so nachnamenlos-mädchenhaft werden die meisten seiner Liebschaften qualifiziert; vgl. Abb 10.2) ist Kunsthistorikerin, deutlich zarter, kleiner, nur begrenzt in Modellmaßen verfasst, schwarz gewandt, bleich und ernst, mit britischer Herkunft. Kein Vergleich mit den quasikalifornischen, swimmingpoolgestrafften *Beauty Pageant*-Schönheiten, mit denen Jack sich üblicherweise schmückt. Phoebe darf er kaum berühren, jede Umarmung, ja jedes Einhängen zum Spazierengehen entlockt ihr dezente *Au!*-Laute, die stets etwas von einem lustvollen Aufjauchzen in sich tragen – was zweifellos an die Gier von Jack appelliert. Denn sie ist tatsächlich nicht nur die leidende, sich in elegischen Tschechow-Posen ergehende gebildete höhere Tochter. Sie ist nicht nur Kunsthändlerin (was Jack sehr wohl weiß), sie trifft sich wiederholt mit älteren Männern (was Liz aufdeckt), auch ihr britischer Akzent ist aufgesetzt (was sie selbst Liz durch die Blume gesteht). Doch Phoebe wird grenzenlos, nahezu irrational von Jack begehrt – mehr noch, da sie (wie sich im Laufe der Episode herausstellt) kaum als Sexpartnerin taugt aufgrund ihrer Krankheit. Die körperlich unerreichbare Figur wird hier zur am stärksten begehrten, keine sehr ungewöhnliche Psychodynamik. Die sportlich greifbaren Mädchen früherer Episoden verblassen zu bloßen Sexualsportpartnerinnen.

Ausgerechnet seine mitunter kaum weniger zerbrechliche Mutter, Colleen Donaghy, allerdings ist es, die diese Tatsache aufdeckt wie einen amoralischen Skandal: seine wechselnden Sexobjekte sind ihr weitaus belangloser vorgekommen als nun genau diese Frau; eine Frau, die weniger als Objekt denn als asexuelles Subjekt in das Leben von Jack tritt. Während die anderen *girls* denn auch kaum eine

Konkurrenz auf gleicher Ebene für eine Mutter darstellten, mehr auswechselbares Spielzeug und Schmuckstück, so tritt ihr mit der strengen und – in vieler Hinsicht – unnahbaren Phoebe eine Gegnerin auf ihrem ureigenen Kampf- und Spielfeld entgegen. Denn auch Colleen ist (zumindest vordergründig) kein Sexobjekt ihres Sohnes, sondern eine der wenigen, vielleicht die einzige Frau, die eine Macht über diesen Mann hat ohne ihn sexuell und erotisch ködern und erpressen zu können. Einzig Liz gelingt dies sehr gelegentlich, doch die Spannung zwischen diesen größten Subjekten der Serie bleiben unendlich zart und wird nur selten explizit von den Autoren der Serie spürbar vorgeführt.

Seine Mutter Colleen – die ihm im Falle Phoebe also vor einem höchst begehrten Unglück gerettet hat – ist stets der Teufel, der unvermutet aus der Kiste springt, wenn Jack es am wenigsten gebrauchen kann. Eine Frau, die mindestens ebenso phallisch selbstgewiss, machtvoll und entschieden sich zu geben weiß wie ihr Sohn (wen wundert es). Eine Frau, die als überdeutlich erkennbares Vorbild der Charakterbildung Jacks darum aber auch von ihm abgelehnt werden muss wie auch umgekehrt. Zwei Rampensäue und Kontrollfreaks ertragen sich schlecht. Die Konfrontationen mit seiner Mutter folgen dabei einem wiederholten Schema: während Jack tief versunken und verstrickt sich bemüht seine täglichen Konflikte des Berufs- und Privatlebens möglichst souverän zu durchstehen und sich als hinreichend unbeeindruckt, omnipotent und visionär zu beweisen, konfrontiert der unerwartete Auftritt seiner Mutter ihn zumeist mit peinigend trivialen Details ihres, seines oder beider gemeinsamen täglichen Bezugslebens. Vergessene Glückwünsche, miese Geschenke, vernachlässigte Sorgfaltspflichten, enttäusche Hoffnungen, abgesagte Besuche und Reisen. Es ist ein Sammelsurium des Vermeidens, der vermeintlich kleinen Demütigungen und der zähneknirschenden Erniedrigungen von beiden Seiten: ein Pantheon passiv-aggressiver Verhaltensauffälligkeiten. Die öffentliche, die mediale Persona von Jack ist demnach derart stark und hochgezüchtet, artifiziell aufgerichtet und distanziert von seiner erlebten Lebensgeschichte, dass er kaum die Spannung erträgt, in Situationen der öffentlichen Persona auf seine Lebensdetails verwiesen zu werden. Eine Spannung, die bekanntermaßen nicht wenige Eltern-Kind-Beziehungen prägt und die bei *30 Rock* in ihrem selbst- wie fremdzerstörerischen Potenzial genüsslich ausgereizt wird. Jacks Herzinfarkt sowie seine vielen kleineren und größeren stressberufsbedingten Wehwehchen, seine durchgängige Medikation und seine wiederkehrenden Therapieaufenthalte samt Selbstneuerfindung sind deutlichster Beleg der Selbstzerstörung. Die Fremdzerstörung allerdings geht aus von einem Gegner, der in vielen Aspekten eine vermeintlich oppositionelle Persona vorstellt.

Die größte Prüfung seines Scheiterns – neben Phoebe und Colleen – ist für Jack, dem Inbild des erfolgreich-machtbewussten *White Anglo-Saxon Protestant*,

**Abb. 10.3** Jack & Devon – S07E09 – © NBC

ein Gegner, dessen Kompetenz, dessen Ethik, dessen Körperbau wie auch dessen Sexualität zutiefst ambivalent, uneindeutig und inkonsistent erscheint: Devon Banks (vgl. Abb 10.3), der reichlich unverdeckt schwule *Vice President of West Coast News, Web Content, and Theme Park Talent Relations for NBC* – der natürliche karrieristische und körper- wie sexualpolitische Gegner für Jack. Da er nicht auf dem direkten Weg Karriere über Jack hinweg machen konnte, verlegt er sich auf eine Heirat mit der Tochter (ziemlich wortkargen, etwas stumpfen und an einer Blumenkohlnase erkrankten) Kathy des (Serien-)CEOs von *General Electric* Don Geiss. Devon schläft sich (nicht einmal tatsächlich) hoch und verschafft Jack schon einen Herzinfarkt; dieser revanchiert sich damit, dass er den Jungen Kenneth ihm als Köder vorwirft, um ihn von einem wichtigen Termin abzuhalten durch seinen sexuellen Appetit. Die Händel zwischen Devon und Jack gehen hin und her: nachdem Don Geiss im Koma liegt, überzeugt Devon den Aufsichtsrat, Geiss' Tochter als Interimsleitung einzusetzen (auf die er nun qua Heirat unbeschränkten Einfluss auszuüben meint); doch die Geschäfte laufen mies und so scheitert Devon mit seinen Bemühungen und kann am Ende nur einem Senatsausschuss vorsitzen, der (unter dem neuen Präsidenten Obama) die Machenschaften von General Electric (und damit von Jack Donaghy) überwachen soll. Ein sardonisches Beispiel für die persönlichen Interessen, Obsessionen, Vermeidungs- und Machtstrategien, die Herren im US-amerikanischen Wirtschafts- und Politiksystem dazu bewegen können, ihre Ämter und Funktionen nach Gutdünken zu wechseln: Geht es doch ganz offensichtlich nicht um Kompetenz und Ambition in einem bestimmten Berufsfeld, sondern um Machterwerb und das Ausschalten verhasster Konkurrenten. Soweit die negative Anthropologie der Stagnation, die in *30 Rock* immer wieder durchscheint. Eine unverzichtbare Grundlage offenbar für den Maskenhumor der medialen Commedia dell'arte: so statisch wie die Figuren in letzterer historisch konzipiert waren, zeigen sich auch die Figuren der Gegenwart: der Wirtschaftslenker, der Senatspolitiker. Ein Zerrbild wie es aktuelle Verschwörungstheorien oder auch Boccaccios *Decamerone* über 650 Jahre zuvor kaum comichafter hätten zeichnen können.

Diese drei Personen, Devon, Colleen und Phoebe bringen ihm wiederholt die tiefsten und schmerzhaftesten Niederlagen bei. Doch während Liz ihre Niederlagen eher als ärgerliche Dummheiten ihrer selbst, als gemeine Fährnisse und Widrigkeiten ihres eigenen Lebens begreift (in letzter Konsequenz selbst verschuldet natürlich, was sonst), in etwa im juste milieu des üblichen Angestelltenlebens im Medienbetrieb, so gerät Jack jede Niederlage zur großen Schlacht: ihre Kämpfe sind läppische Alltagszickereien – doch seine Kämpfe sind epochales Ringen in den Stadien der Historie und der Menschheit. Soweit das standardmäßig grotesk überzogene Selbstbild dieses weißen Mannes. Für ihn sind es nicht nur die Schwächen seines eigenen Charakters, seiner eigenen Lebensumstände und seiner Angehörigen, Mitarbeiter, Konkurrenten und Liebschaften, die hierin sich zeigen. Ihm gerät darin jedes Mal sein gesamtes Leben, ja – es muss hier unbedingt viel pathetischer gesprochen werden – seine große *Existenz* gerät hier durch und durch aus den Fugen. Oder, im Erfolgsfalle: seine gesamte Existenz ist gelungen. Dann gelingt auch der Fortschritt der gesamten amerikanischen Gesellschaft (so seine maßlose Allmachtsfantasie). Er will sich als der Held der Geschehnisse begreifen, dies hat seine Erziehung ihm aufgetragen – während die tatsächliche Heldin der Serie doch eben Liz ist. Während aber das Pathos von Chefautorin Lemon all zu schnell wieder gebrochen in sich zusammenkrümelt, so scheint es: dieser Mann glaubt sich all seine Einbildungen wirklich. Offenbar hält er sich wirklich für einen Gott. Oder: Offenbar hält er sich wirklich für einen Versager (letzteres aber dann doch nur eher selten). Ein geschlossenes und sozial hinreichend funktionstüchtiges System der Selbstverblendung scheint die höchste denkbare Stufe zeitgenössischer Zivilisation, der Gipfel eines *American Progress*.

# Dealbreakers:
# The Commedia dell'arte by Tina Fey

Nach dem Ende des amerikanischen Imperiums wird weiterproduziert: Der amerikanische Fortschritt ist an seinem Ziel angekommen. Das Ensemble von *TGS (With Tracy Jordan!)* aus Führungspersönlichkeiten, Mitläufern und vor allem egozentrischen Selbstdarstellerinnen und -darstellern auf allen beruflichen Ebenen verkörpert die Gemeinschaft der letzten Menschen eines Medienimperiums (vgl. Abb. 11.1). Gesellschaft und Medien sind hier in das letzte Stadium einer hochbeschleunigten und sich selbst verzehrenden Fieberphantasie eingetreten: *pop already has eaten itself* – und verschlingt mit anwachsender Gier immer wiederholt sein eigenes Erbrochenes, all seine Ausscheidungen und Abfälle aus eigener Produktion der letzten Wochen und Jahrzehnte. Immer noch wird verhandelt um Lizenzen, werden neue Varianten altehrwürdiger humoristischer Akrobatik entworfen, werden Mitarbeiterinnen und Mitarbeiter durch den zeitweisen Anschein von persönlichem Interesse und individueller Fortentwicklung zu noch umfassenderen und erschöpfenderen Höchstleistungen angetrieben – und noch immer suchen alle Mitglieder des Autoren-, Produktions-, Verwaltungs- und Schauspielerteams sich ihre größeren oder kleineren Nischen ungestörten, unproduktiven Tuns: Daddeln, Flirten, Protzen, Jammern, Stolzieren und Grübeln. Das Abbild einer Gesellschaft, die trotz kapitalistischer Ideologie sich das Glück im Winkel des Großraumbüros sucht – und ihre ideologisch postulierten Konkurrenzgelüste darin umso umfassender auslebt. Wie lässt sich aber leben unter diesen Bedingungen?

Eine neue Show wird erfunden: Jack Donaghy führt seine Chefautorin Liz Lemon durch Studio 4c und seine Geschichte: über verschiedene Showformate bis hin zur Lagerhalle für alte Kopierer – und nun die Show: *Dealbreakers!* (bezugnehmend auf einen *TGS*-Sketch, den Liz schon zuvor wenig erfolgreich als Lebenshilferatgeber vermarkten wollte (vgl. Abb. 11.2). Aufgepumpt und berauscht von diesem neuen Lebens- und Berufsabschnitt bricht Liz aus in die Worte: „Liz

© Springer Fachmedien Wiesbaden 2016
H. Schulze, *American Progress,* Serienkulturen: Analyse – Kritik – Bedeutung,
DOI 10.1007/978-3-658-09135-4_11

**Abb. 11.1**  Cast Photo of the Last Episode – S 07E13 – © NBC

Lemon's got her very own talkshow!" In ihrer Not benennt sie nach ratloser Suche zum einen ausgerechnet Frank Rossitano, den Urnerd, als ihren vorübergehenden Vertreter. Zum anderen unterstützt sie (erpresserisch dazu genötigt) Tracy Jordan darin, seiner Frau zu beweisen, er sei reif für ein weiteres Kind; was Tracy umgehend durch den Erwerb einer albernen *EGOT*-Halskette als neues Lebensziel wiederlegt: *Emmy, Grammy, Oscar,* and *Tony* will er gewinnen „That's a good goal for a talented crazy person!" Jacks Angstgegner, Devon Banks, erpresst ihn schließlich zu härtesten Maßnahmen, damit *Dealbreakers* ein Erfolg wird: Lemon soll sich die Augen lasern lassen (natürlich von Dr. Leo Spaceman), die Haare eventuell nochmal schöner machen lassen – ihren Namen aber ändert er doch nicht zu *Veronica Saint-Pierre.* Dennoch fallen *Regular Liz* und *Performer Liz* nun auseinander (worauf ausgerechnet Jenna Maroney, die zickige Ur-Schauspielerin von *TGS* Jack hinweisen muss): nach 510 tragisch-verklemmten Versuchen den Vorspann mit ihr zu filmen schließt sie sich in ihrer Garderobe ein – genauso wie dies Jenna Maroney schon viele Male in der Serie tat. Die mediale Persona der *Dealbreaker*-Talkshowmoderatorin ist etabliert, die Persona der Chefautorin leidet, Jack muss eine Teufelsaustreibung inszenieren, in der die Chefautorin mit der potenziellen Starmoderatorin sich vor dem Garderobenspiegel zofft. Am Ende ist Liz Lemon wieder in ihrer alten Position; Frank Rossitano – der sich zwischenzeitlich in Liz

**Abb. 11.2**  Dealbreakers! Das Buch – S04E02 – © NBC

verwandelt hat, fleht sie an, dies nie mehr mit ihm zu tun und Tracy Jordan hat seine Gattin angesungen mit einem Lied, das er dazu nutzen möchte, *EGOT* zu gewinnen. Der 510. Vorspannversuch wird nun – um mit *Dealbreakers* wirklich Geld zu verdienen – gezeigt werden, sobald bei den großen Seifenopern eines Partnerunternehmens ein Fernsehgerät im Bild ist. Die mediale Produktion verschlingt sich selbst und scheidet sich aus. Liz Lemon ist unaufhörlich im Fernsehen, als mediale Persona – und kann doch ihr altes, gut gelerntes Leben weiterleben.

Die Konflikte der Serienproduktion werden in der Episode *Dealbreakers Talk Show #0001* (S04E07) damit um die medialen Personae, ihre Selbsterzählungen und ihre Auftritte auf medialer Bühne zugespitzt, dass sie geradezu mustergültig die Verhandlungstechnik des *deal breakers* in der internationalen Verhandlungslehre vorführen: der Begriff des *deal breaker* meint das Aushandeln besonders kritischer Anliegen, die den Geschäftsschluss potenziell völlig behindern könnten. Verhandlungsstrategisch sollen demnach die für zumindest eine der beiden Parteien wichtigen Fragen zuerst geklärt werden: falls schon über diese Punkte keine Einigung zu erzielen ist, wird es nicht nötig sein, sich mit weiteren läppischen Verhandlungsdetails überhaupt abzumühen. In allen Beispielen dieser Episode wird zumeist genau diese Regel sträflich missachtet: in Liz' Talkshow, Tracys *EGOT*-Projekt, Jacks Eingehen auf Devons Erpressung, Franks Liz-Vertretung, ja sogar in nebensächlichen Szenen wie Leo Spacemans Augenlasern, Tracys Kettenkauf für seine Gattin, Tracys strategische Analyse der *EGOT*-Gewinner. In all diesen Fällen wird – bildlich gesprochen – eine intensive Verhandlung und Prüfung des neuen Vorhabens unternommen, ohne zunächst zu wissen worauf man sich da wirklich einlässt und ob überhaupt die absolut notwendigen Bedingungen zu erfüllen sind. Es wurden die *deal breaker* nicht zuvor ausverhandelt. Bis zuletzt weiß niemand – auch die Zuschauer nicht –, worin das Konzept der Talkshow *Dealbreakers!* überhaupt besteht. Hochbeschleunigt wird weiterproduziert. Der Fortschritt der Produktion endet im anfänglichen Status Quo: *30 Rock* verhöhnt diesen Nicht-Fortschritt unaufhörlich – tatsächlich ein amerikanischer Fortschritt?

Wie in den Kapiteln dieses Buches zu sehen war, setzt sich die Vorstellungs- und Darstellungswelt von *30 Rock* vor allem aus vier Elementen zusammen: a) einer durchgängigen Referenz auf Themen und (bild-, text-, klang-)rhetorische Figuren der *Nerdkultur*; b) wiederkehrenden Kunststücken einer *Akrobatik des Komischen*; c) sowie einer ausgebildeten *Commedia dell'arte* der medialen Personae und d) Referenzen auf die mediale Persona ihrer Autorin und Hauptfigur *Tina Fey*. Diese vier Felder der Referenz und der performativen Praktiken sind dabei kennzeichnend für die Epoche, in der diese Serie entstand wie auch für die Charakteristiken, die das Genre der Fernsehserie in dieser Epoche und in einem kulturellen Klima digital dynamisierter Popkultur angenommen hat.

Die informationstechnologisch höchst dienstbare, teils inkommensurabel verwirrte *Nerdkultur* ist dabei das entscheidende, die meisten Protagonisten – in Lebensinhalt oder Ablehnung desselben – verbindende Ferment dieser Serie. Zum einen ist sie der, wie es oft scheint, Hauptlebensantrieb für einige Akteure des Autorenteams, vor allem für Frank Rossitano, auch Liz Lemon, aber auch kleinere, in diesem Band nicht oder nur kurz erwähnte Figuren wie James Toofer Spurlock, Johnny J. D. Lutz, Pete Hornberger, ja selbst in den chirurgisch eingesetzten Brüchen in der medialen Persona des Tracy Jordan: ihr Handeln, ihre ablehnenden oder euphorisch zustimmenden Äußerungen zu Entscheidungen ihrer Kollegen, Vorgesetzten, beruflichen oder romantischen Partnern werden allesamt aus diesem Fonds an Lebensmaximen und Handlungsprinzipien munitioniert. Am stärksten zeigt sich dies (ausgeführt in Kap. 6 dieses Bandes) bei der Figur des Frank Rossitano, der ganz in der Nerdwelt der Videospiele und ihrer 8-Bit-Ästhetik der 1980er Jahre aufzugehen scheint – und alle anderen, möglicherweise eher sozial oder familiär gesonnenen Lebensziele an eine vereinsamt-verlotternde, asozial-onanistische Existenz hingegeben hat. Andere Figuren leben dies nur in abgeschwächter Form, so die meisten im Autorenteam – und nicht zuletzt eben auch die tragende Hauptfigur Liz Lemon: obwohl sie nicht eine maßlose Hypertrophie des Nerdwissens permanent zur Schau stellt wie Frank so stehen doch auch in ihrem täglichen Leben und ihrer in Dekaden gemessenen Lebensentwicklung die eigenen Nerdobsessionen des Alleinlebens und der versonnenen Hingabe an Artefakte der Science Fiction- und TV-Kultur einer andauernden romantischen Beziehung ganz offensichtlich im Wege. Ihre angedeutete Nerdkulturexistenz reicht offenbar schon aus, um sie als ein *All-American-Nongirl* zu brandmarken und für die meisten ihrer potenziellen romantischen Partner bald uninteressant erscheinen zu lassen. Ein Makel, den sie gut unter die Decke ihrer Nerdobsessionen – nicht zuletzt: in Form ihres Berufslebens – kehren kann; der jedoch eine treibende Kraft für nicht wenige Konflikte und Euphorien der Serie ist. Neben dieser Prägung der einzelnen Protagonisten in ihrem Handeln und ihren Äußerungen begründet die Referenz in der Nerdkultur jedoch auch die ästhetischen Prinzipien und Anspielungen, die die Serie *30 Rock* zu einem beeindruckenden Schauobjekt machen. Anhand punktueller oder durchgehender Anspielungen auf historische Fernsehserien wie *Seinfeld* (1989–1998) oder auch *Happy Days!* (1974–1984), natürlich auch die diversen *Star Trek* -Serien und -Kinofilme (1966–1969 sowie seit 1987) und die klassischen *Star Wars*-Filme (1977–1983) wird ein Kontinuum an Referenzen nicht nur verbal angesprochen – sondern vor allem performativ, in einzelnen Einstellungen, in Handlungen der Protagonisten sowie vor allem in der Bildästhetik und Handlungsführung ganzer Episoden ausgeführt (ausführlicher in Kap. 5 dieses Bandes). *30 Rock* bezieht sich darum nicht allein ostentativ auf diesen Kosmos, sondern ist als Serie – auch in nicht referenzialisierten Details – stets auf einen Fonds des Nerdwissens bezogen.

Hieran anschließend stellt die durchgängig erwähnte *komische Akrobatik* eine vorherrschende performative Technik der Serie dar. Die komische Akrobatik einer Serie besteht in den wiederkehrenden Handlungsmustern, die zur Erzeugung komischer Effekte genutzt werden, am augenfälligsten wohl in den Traditionen des *Slapstick* und der *Screwball Comedy*. Im Fall von *30 Rock* nun handelt es sich bei diesen Handlungsmustern vor allem um wiederkehrende Formen der überraschenden Umkehr und des Verwirrens oder just Geraderückens von Handlungsannahmen und -erwartungen von Seiten der Zuschauer. Nicht eine kontrollierte Eskalation in den (selbst-)zerstörerischen Exzess hinein (wie im *Slapstick*) wird vorgenommen oder allein eine Höchstbeschleunigung der täglichen, interpersonalen Handlungsverwicklungen – bevorzugt im Feld der Anbahnung romantischer Affären (Richter 2009); sondern diese Form der komischen Akrobatik ist geprägt durch, wenig überraschend, Nerdkultur-basierte Umkehrungen von vermuteten Figurenintentionen sowie das ebenso überraschende Geraderücken von Vermutungen, diese oder jene Äußerung oder Handlung seien lediglich ironisch oder bildlich von den handlungstragenden Figuren gemeint. Tatsächlich zeigt sich hieran der hohe Grad an Referenzbezug auch in der Performanz dieser Serie, dass von bestimmten, hochspezifischen Zuschauerannahmen ausgegangen wird, die dann leicht auf komische Weise enttäuscht werden können (ausführlicher in den Kap. 2, 3 und 5 dieses Bandes). Humor ist darum – trotz der hohen Referenzdichte – kein allein sprachlich-verbaler Effekt in *30 Rock*, sondern vor allem performativ und körperlich: in Spielsituationen, die gestische, interpersonale und anspielungsbezogene Umkehrung mit komischem Überraschungseffekt erlauben.

Dieser performative Humor basiert darum auf den gespielten Personae der Serie insgesamt, die eine Art *mediale Commedia dell'arte* bilden. Der Begriff der Commedia dell'arte mag im ersten Moment befremdlich und überraschend an dieser Stelle wirken, doch steht er theaterhistorisch und schauspielpraktisch für ein Spiel unter Charaktermasken, aus deren Zuschreibungen, Handlungsmustern und eher akrobatischen Konflikten sich die entsprechende Komik situativ, gestisch und momenthaft entspinnt. Nicht eine psychologisch plausible, näherungsweise allmähliche und möglicht alltagsrealistisch sich entwickelnde Charakterzeichnung ist hierbei das Ziel. Sondern eine – wiederum zeit- und kulturtypische – Zuspitzung auf einzelne Figurentypen, die ein konflikt- und damit sowohl komik- als auch handlungsreiches Spiel erlauben. Die Charaktermasken in *30 Rock* nun entstammen, popkulturtypisch, einerseits dem Kontinuum der Celebrities und der Schauspieler und andererseits den Nerds und den Berufspassionierten in all ihren jeweiligen Überspanntheiten, Schrulligkeiten, Verblendungen sowie manisch-obsessiven Zwängen. Aus dem Aufeinanderprallen von Nerdexistenzen mit Celebrityprotzen entsteht ein Großteil der komischen Effekte von *30 Rock* – nicht selten auch in Persönlichkeitsanteilen einer einzelnen Figur, herausragend natürlich in Liz Lemon selbst. Diese Commedia dell'arte ist der Antrieb vieler Handlungen in einzelnen Episoden, indem schlichtweg mediale Personae, Figuren des TV-, Hollywood- und Starkontinuums in den begrenzten Kosmos von *30 Rock* eintreten (Seinfeld, Oprah Winfrey, NBC-Nachrichtensprecher u.v.a.m.) und allein durch die mediale Erzählung, die um sie herum kursiert, zur maßgeblichen, handlungs- und konfliktauslösenden Ursache der jeweiligen Episode werden. Dies betrifft auch mediale Personae, die allein im Erzählkontinuum von *30 Rock* existieren wie etwa Tracy Jordan oder Jenna Maroney, da hier die Sorge um eine adäquat sich entwickelnde öffentliche Meinung von ihnen, ihr Image, ihre mediale Erzählung ebenso handlungsantreibend wirkt. Kurz: es ist der natürliche (gleichermaßen hocheuphorische wie hochängstliche) Narzissmus des öffentlichen Auftrittes, der hier als unaufhörlich erhitzt hochdrehender Handlungsmotor genutzt werden kann. Es ist die gewohnt eitle Furcht darum, ob die anderen (Kollegen, Freunde, Partner, Familienangehörigen) oder die Welt (des Films, des Fernsehens, des Senders, der Politik, der Wirtschaftslenker – *you name it*) tatsächlich einen selbst mit der medialen Persona in Einklang bringt, die jemand doch so gerne von sich in Umlauf bringen würde. Doch hat keiner der medialen Protagonisten dies vollständig in der Hand. Das mediale Gespräch über eine Person umfasst eine radikale, auch boshaft äußerliche und unverschämt ausschnittsartige Fremdsicht auf einen Menschen. Kein Detail, keine historisch-biographische oder subtil-situative Feinheit interessiert diesen brutalen Blick des Medialen. Es interessiert die Performanz des ersten Eindrucks: „Der Witz der Zugriffsweise auf die mediale Persona ist die Perspektive des INADÄQUATEN. Nicht wie es gemeint ist, will man verstehen, sondern ganz brutal schaut man darauf, wie es WIRKT. Von ganz außen aus gesehen. Nicht was jemand leistet zählt, sondern der diffuse Eindruck, den er hinterlässt, den sein Act hervorruft." (Goetz 1999, S. 307)

Dieser „diffuse Eindruck, den [... s]ein Act hervorruft" (ebd.) ist schließlich der Kern einer wenig überraschend wiederkehrenden, zentrale Referenz der Serie: die mediale Persona von Tina Fey (ausführlicher in Kapitel 4 dieses Bandes). Sie tritt hierbei in mindestens zwei, wenn nicht drei bis vier Varianten auf: Referenz ist zum ersten die Tina Fey, wie sie an ihrer medialen Persona öffentlich miterzählt und dies in ihrer Autobiographie *Bossypants* 2011 schriftlich ausgeführt hat; zum zweiten bildet vor allem ihr Berufsleben und ihre Auftrittsgeschichte bei *Saturday Night Live* eine wiederkehrende Referenz; zum dritten bildet selbstverständlich die fiktionale Biografie der Liz Lemon innerhalb der Erzählwelt von *30 Rock* eine konstante Referenz; und viertens müssen wir davon ausgehen, dass innerhalb der Serie wiederholt natürlich nicht die faktisch erzählte Biografie der Liz Lemon als Referenz dient, sondern die anderen Protagonisten und medialen Personae sich auf einen wiederum ausschnitthaften betriebsöffentlichen Anteil ihrer Person nur beziehen können, also die mediale Personae der Liz Lemon meinen. Allein dieses Kleeblatt an Avataren der Tina Fey macht andeutungsweise spürbar auf wie vielen miteinander verschlungenen Ebenen die Figurenreferenzen bei *30 Rock* nicht nur in Bezug auf Fey sich artikulieren – sondern ebenso auch in Bezug auf die anderen Akteure des Stammensembles (Alec Baldwin, Tracy Morgan, Jane Krakowski oder Judah Friedlander etwa) sowie jeden einzelnen Episodengast, der außerhalb der Serie als mediale Persona hinreichend präsent ist (eben Jerry Seinfeld, Oprah

Winfrey u.v.a.m.). Diese vierfache Lesart einer medialen Persona führt dazu, dass auch das Erzählmaterial ebenso vielfältig, immer wieder gebrochen, hinterfragt, in seiner Kontingenz sichtbar und als auch privatistische Vorstellungswelt immer wieder entdeckt wird: ein weiterer Teil der komischen Akrobatik der Serie entsteht genau aus diesen Brüchen zwischen intimem Selbst- und medialem Fremdbild, das in solchen Bezügen ganz handgreiflich und situativ aufeinanderprallt. Beispielhaft geschieht dies anhand der Figur des Kenneth Parcell (ausgeführt in Kap. 8 dieses Bandes), der mit Sicherheit eine der schwächsten, ostentativ missachteten und oft demütigend behandelten Personen darstellt – und zugleich immer wiederholt (und erst in der letzten Szene der letzten Episode ausgeführt) ein Selbstbild von sich trägt, dass nur an gottesähnlichen Omnipotenzphantasien zu messen ist: auch und gerade, da er unaufhörlich sich klein macht, duckt, sich als lediglich dienstbaren, aber irrelevanten Akteur bezeichnet. Im anderen Extrem ist dies an der großen platonischen (und nur andeutungsweise ausgeführten) Liebe von Liz zu Jack Donaghy zu beobachten, dem Inbild des idealtypisch-amerikanischen Helden, eines heterosexuellen, weißen, wohlhabenden, in wellness und organic food gestählten und allein der hohlen Rhetorik mächtigen Mannes. Er ist die einzig wirklich lächerliche Figur, die von nichts Ahnung hat, an nichts interessiert ist, sich nicht einmal selbst überschreiten oder -winden kann. Am Ende beherrscht sie aber (wie es bis zur letzten Episode scheinen mag) die gesamte mediale Erzählung: als auktorialer Erzähler, dem es tatsächlich teilweise zumindest zu gelingen scheint, die öffentliche Erzählung über seine Person im Griff zu haben. Die vermeintlich völlige Ohnmacht von Kenneth ist da nur das Andere von Jack.

Diese zahlreichen, mindestens vierfältigen Brüche, Umkehr- und Umschaltkunststücke, die *30 Rock* darum – wie in dieser abschließenden Zusammenfassung wohl noch einmal überdeutlich wird – prägen, müssen darum als tragendes Element der Fernseh-, Bildästhetik und Poetik dieser Serie angenommen werden (beispielhaft in der Durchmischung mit der Bildästhetik von *Happy Days* aus Anlass von Liz Lemons Geburtstag; (vgl. Abb. 11.3).

Die Fiktionalität, der Status des Erfundenen, Irrealen und Außerwirklichen bietet damit für *30 Rock* einen entscheidenden Ansatzpunkt zum Verständnis dieser Serie. Nicht nur im allerbanalsten Sinne, dass ein Werk der Fiktion (was *30 Rock* zweifellos ist – trotz aller Integration außerfiktional-realweltlicher Bezüge) nun einmal zuallererst als Werk der Fiktion und nicht als politische Philosophie oder als physikalische Grundlagenforschung zu verstehen ist; sondern in dem Sinne, dass die Fiktionalität dieses Werkes in 140 Teilen wiederkehrend zum Gegenstandes des Werkes selbst wird. In der Begrifflichkeit der Fiktionstheorie Todorovs ist *30 Rock* darum ein Beispiel des *fantastique pur:* das sogenannt *unvermischt Fantastische*, dessen Ambivalenz (Ist es wunderbar-beglückend? Oder

**Abb. 11.3**  Happy Birthday, Liz Lemon! – S 05E04 – © NBC

eher unheimlich-erschreckend?) erhalten bleibt und nicht schließlich rational aufgelöst und wegerklärt wird in eine der beiden reinen Formen des unvermischt
Wunderbaren (*merveilleux pur:* Märchen oder Wundergeschichten) oder des unvermischt Befremdlichen (*etrange pur:* Horror- oder Gruselgeschichten). Die Be-
fremdung bleibt als solche – trotz punktueller Auflösungen im Zuge komischer
Akrobatik – bestehen, wirksam und schmerzhaft. Ein ständiger, unausgesetzter
fiktionaler Kitzel: die fiktionale Spannung von *30 Rock*.

Die Episode *Dealbreakers Talk Show #0001* führt auch dies beispielhaft vor: in
einzelnen Szenen entwickelt sich das Grauenhafte (in der Teufelsaustreibung der
doppelten Liz), in anderen das Wunderbare (in der *EGOT*-Arbeit durch Tracy) ganz
unvermischt, in wieder anderen erscheinen sie eher vermischt (in Devon Banks
grauenhafter Erpressung oder in Frank Rossitanos wunderbarer Verwandlung).
Zwar werden die vermischten Situationen auf höchst beruhigende Weise aufgelöst,
doch die unvermischten Szenen bleiben als solche schlicht bestehen: in der Summe
aber oszilliert diese Episode unabschließbar zwischen diesen fiktionalen Aggregat-
zuständen. Zurück bleibt vollendete Ambivalenz, eine fantastische Fiktion – wie
nahezu alle Episoden von *30 Rock*. Wenn sie allerdings nicht oszilliert (etwa aus
Anlass der Hochzeit von Liz Lemon in der letzten Staffel; (vgl. Abb. 11.4), dann
empört gerade dies die Fans mehr als im umgekehrten Fall.

*30 Rock* als fantastische Serie betrachtet, entfaltet eine sehr eigene Ausprägung
eines Fortschrittsdenkens. Ein Fortschrittsdenken, das die Wandmalerei von Josep

**Abb. 11.4** Liz Lemon's Wedding – S07E07 – © NBC

Maria Sert im Sendezentrum von NBC recht eindrücklich vermittelt. Die Protagonisten dieses Fortschritts sind starke Persönlichkeiten. Es sind auf der großen Bühne öffentlich eindrucksvoll wirkende Persönlichkeiten. Diese medialen Personae
bauen das Neue Staatswesen der Vereinigten Staaten von Amerika auf – vornehmlich im Bau von Hochhäusern, wagemutig auf Brücken über dem Abgrund sowie
umtost von Propellerflugzeugen, die kubistisch in Reihe die Baumeister umschwir-
ren wie himmlische Heerscharen die Kuppel dieser Sixtinischen Kapelle des Wol-
kenkratzerkapitalismus. Die amerikanischen Baumeister sind Helden der Arbeit,
ihre Muskulatur und ihr Antlitz macht sie zu vollendeten Repräsentanten einer na-
tionalen Vereinigung der Arbeiter der Stirn und der Faust. Doch weder Lenin oder
Stalin noch Hitler (deren Agitation die Rede von den *Arbeitern der Stirn und der
Faust* beziehungsweise der *Helden der Arbeit* entstammt) ist hier der Schirmherr
dieser imposanten Bautätigkeit, sondern Abraham Lincoln, der Vater einer klassen-
und rassenübergreifenden, möglichst nicht zu parteiischen, allamerikanischen Auf-
baupolitik: Urahn eines umfassenden, tatsächlichen amerikanischen Fortschritts.

  Dieses Wandgemälde allerdings verharrt in dieser Bautätigkeit: in der kraftvoll, imposanten Darstellung dieser Bautätigkeit. Wir sehen weder die unmittelbaren Wirkungen des Fortschritts im täglichen Leben einzelner Bürgerinnen und
Bürger, Arbeiterinnen oder Arbeiter, befreiter Sklavinnen oder Sklaven, geflüch-
teter hoffnungsvoller Neubürgerinnen, Neubürger. Wir sehen ein unaufhörliches

Spektakel der statisch sich wiederholenden Freude an der Darstellung und dem darstellenden Erleben dieses Fortschritts – des Aufbauens, des kraftvoll Weiterarbeitens, des machtvollen Schaffens und Schöpfens. Wir sehen kaum, was tatsächlich gebaut wird. Schemenhafte Bauten, Gerüste, Netze, Baugerüst. Wird tatsächlich etwas gebaut?

Es ist dies der amerikanische Fortschritt. Donaghy, Jordan oder Maroney, Parcell oder Lemon bauen an diesem Fortschritt – in medialer Selbstdarstellung und unaufhörlich ausgesandter medialer Erzählung von ihren Erfolgen. Sie bauen an der Bühne auf der sie spielen. Sie errichten die Bauform der medialen Tektonik der Sendung, in der sie auftreten – und deren Bau einzig sie allein und ihre individuellen Obsessionen und Verblendungen immer wieder behindern, verzögern, aussetzen oder gar zerstören, vorübergehend. Sie sind die *deal breaker*: ihre charakterlichen Idiosynkrasien sind die maßgeblichen Hindernisse eines unaufhaltsamen Fortschrittes, den sie so gerne darstellen. Ist dieser Fortschritt womöglich gar nicht erstrebenswert? Mehr die Show des Fortschritts? *American Progress* ist diese vollständige Utopie einer sich in sich selbst erfüllenden und voranschreitenden Bewegung des Auf- und Abbaus einer Tektonik der Medien, die am Ende nur sich in sich selbst bewegt. Diese amerikanische Anthropologie der Medien erfüllt sich ihre Lust genau in diesem unaufhörlichen Auf- und Abbau, Um- und Neubau – einer immer wieder neu genossenen Euphorie des Neuanfangs ohne tatsächliche Vollendung, ohne faktisch erkennbare Fortentwicklung durch neue Schritte im Aufbau. Es sind beeindruckende Kraftakte – doch ohne tiefere Konsistenz oder auch nur oberflächlicher Kohäsion. Ein aleatorisches Spiel nerdiger Referenzen, dargeboten als komische Akrobatik von Protagonisten einer medialen Commedia dell'arte. In den Worten des Philosophen und ästhetischen Theoretikers Frank Zappa (Zappa 1989, S. 163):

Anything, anytime, anywhere – for no reason at all!

# Literatur

Askew, Kelly. Ed. 2002. *The Anthropology of Media: A Reader* (Blackwell Readers in Anthropology – Series Editor: Richard R. Wilk). Hoboken/New Jersey: John Wiley & Sons Ltd.

Durst, Uwe. 2010. *Theorie der phantastischen Literatur*. Aktualisierte, korrigierte und erweiterte Neuausgabe, LIT-Verlag Berlin.

Eichner, Susanne, Mikos, Lothar, Winter, Rainer. Eds. 2013. Transnationale *Serienkultur: Theorie, Ästhetik, Narration und Rezeption Neuer Fernsehserien*. Wiesbaden: Springer VS Verlag.

Engell, Lorenz & Siegert, Bernhard. Eds. 2013. Schwerpunkt Medienanthropologie. *Zeitschrift für Medien- und Kulturforschung* 4 (1): 101–206.

Fey, Tina. 2011. *Bossypants*. New York: Little, Brown and Company.

Goetz, Rainald. 1999. *Abfall für alle. Roman eines Jahres. Heute morgen, um 4 Uhr 11, als ich von den Wiesen zurückkam, wo ich den Tau aufgelesen habe. Buch 5.5* Frankfurt: Suhrkamp am Main.

Goldt, Max & Rattelschneck, 2004. *Rumpfkluft* (Online: http://www.rumpfkluft.de)

Linehan, Graham. 2006–2013. *The IT-Crowd*. London: Channel 4.

Lorre, Chuc & Prady, Bill. 2007–2017. *Big Bang Theory*. New York: Chuck Lorre Productions/ CBS.

Passig, Katrin. 2011. *Zufallsshirt*. Leipzig: Spreadshirt AG (online: http://zufallsshirt.de)

Richter, Karola. 2009. *Screwball-Comedies als Produkt ihrer Zeit: Don't make them sexual – make them crazy instead*. Hamburg: Diplomica Verlag.

Rivera, Diego, & March, Gladys. 1991. *My art, my life: an autobiography*. Mineola/New York: Gladys March Dover Publications.

Roloff, Bernhard, & Seeßlen, Georg. 1982. *Klassiker der Filmkomik*. Geschichte und Mythologie des komischen Films. Reinbek b. Hamburg: Rowohlt 1982.

Rothenbuhler, Eric W. & Coman, Mihai. 2005. *Media Anthropology*. London: SAGE-Publications.

Roussel, Christine. 2005. *The Art of Rockefeller Center*. New York: W. W. Norton & Company

Schechner, Richard. 1985. *Between Theater and Anthropology*. Foreword by Victor Turner. Philadelphia: University of Pennsylvania Press.

Schulze, Holger. 2012. *Intimität und Medialität*. Eine Anthropologie der Medien. Berlin: Avinus-Verlag.

© Springer Fachmedien Wiesbaden 2016    87
H. Schulze, *American Progress,* Serienkulturen: Analyse – Kritik – Bedeutung,
DOI 10.1007/978-3-658-09135-4

Schulze, Holger. 2013. Personae des Pop. Ein mediales Dispositiv popkultureller Analyse. *POP. Kultur und Kritik* 2 (2013) Moritz Baßler, Robin Curtis, Heinz Drügh, Nadja Geer, Thomas Hecken, Mascha Jacobs, Nicolas Pethes & Katja Sabisch (Hgg.) (Online: http:// www.pop-zeitschrift.de/wp-content/uploads/2013/02/aufsatz-schulze-personae.pdf)

Schulze, Holger. 2014. The Medial Persona. Tectonics of the Medial Imaginarium. In: Wyss, Eva. 2014. *Communication of Love. Mediatized Intimacy from Love Letters to SMS – Interdisciplinary and Historical Studies*. Bielefeld: transcript Verlag, 299–305.

Todorov, Tzvetan. 2013. *Einführung in die fantastische Literatur*. Aus dem Französischen von Karin Kersten, Senta Metz und Caroline Neubar. Berlin: Verlag Klaus Wagenbach.

Wulf, Christoph. 1997. *Vom Menschen. Handbuch Historische Anthropologie*. Weinheim und Basel: Beltz Verlag.

Wulf, Christoph. 2009. *Anthropologie. Geschichte, Kultur, Philosophie*. Köln: Anaconda Verlag.

Zappa, Frank. 1989. *The Real Frank Zappa Book. With Peter Occhiogrosso*. New York: Poseidon Press.

Printed in the United States
By Bookmasters